KB272532

옴스잡스의
스펙을
뛰어넘는
자소서

결국 차이를 만드는 건 생각의 깊이다!

옴스잡스의
스펙을
뛰어넘는
자소서

옴스 지음

일에일북

AI를 초월하는
자소서를 써라

채용 시장에 기이한 현상이 벌어지고 있다. 소위 'SKY'라 불리는 최상위권 대학을 졸업하고, 3개 국어와 화려한 인턴 경력까지 갖춘 이른바 '짱짱한' 지원자들이 서류 전형에서 전부 탈락하거나 1차 면접조차 통과하지 못하는 일이 흔해지고 있다.

더 큰 문제는 AI의 등장으로 채용 시장은 급변하는데 구직자들의 취업 전략은 오히려 시대를 역행하며 구시대적인 방식을 답습하고 있다는 사실이다. "스펙을 얼마나 더 쌓아야 할까요?" "인턴은 몇 번이 적당할까요?" "어학 점수는 얼마나 더 보완하는 게 좋을까요?" 끊임없이 정량적 스펙을 보완하는 데 치중하고, "주요 경험/경력과 직무 간의 연결성을 어떻게 어필할까요?" "어떤 역량 키워드를 강조하면 좋을까요?" "전공 선택 이유, 공백기 질문은 어떻게 답변하나요?" 주체적인 판단이나 의심 하나 없이 취업 전문가와 현직자들의 간편적인 조언에 본인의 인생을 건다. 탈락을 마주하면 또다시 스펙을 보완하고, 직무 전문성과 성과를 더욱 강조하기를 반복한다. 그러나 상황은 나아지지 않고, 고스펙 탈락자들만 쌓여가고 있다.

스펙 인플레이션이 심화되고 있는 취업 시장에서 일반적인 구직자들의 통념과 선입견을 깨고, 괄목할 만한 성과를 내는 이들이 있다. 3년의 공시 도전과 실패, 뒤늦은 사기업 취업 준비로 3년 10개월의 공백을 갖고 있었던 CJ프레시웨이 영업 합격자, 관광을 전공하고 중앙공기업과 사기업 영업직을 목표로 하다 뒤늦게 은행에 도전해 취업에 성공한 우리은행 금융일반 합격자, 졸업 후 2년 6개월 동안 공백기를 키우며 반도체 분야만 취업 준비를 했었던 LIG넥스원 IPS 합격자, 5수로 대학에 입학, 서른에 학부 졸업, 그리고 실무 경험 없이 2년의 공백기라는 악조건으로 LG전자 R&D에 합격한 지원자까지, '스펙이 중요하다'는 말을 무색하게 만드는 사례들은 끊임없이 나오고 있다.

당락을 가르는 핵심은 '주체성과 차별성'이다. 좋은 스펙에도 불구하고 끝없는 탈락을 반복하는 지원자들은 끊임없이 타인에게서 합격의 기준을 묻고, 정답을 찾는다. '직무 전문성이 중요하다', '스펙을 보완해야 한다', '로열티를 보여주는 게 중요하다', '지원 회사, 직무와의 연관성을 제시해라', '수치화를 해서 성과를 강조해라' 등학교 취업센터의 취업 컨설턴트부터 현직자, 소위 업계 전문가라고 자칭하는 사람들의 조언을 의심 없이 따른 결과는 처참하다. 그렇게 대한민국 취준생 99%는 자신의 개성과 주관은 찾아볼 수 없는 '도전정신, 분석력, 소통력, 끈기, 직무 전문성을 키움'으로 도배된 '가짜' 자기소개서를 쓰게 된다. 모두가 한마음 한뜻으로 뻔한 키워드만 강조하고 있으니 차별화가 가능할 리 없다. 타인의 기준에 맞춰 자신을 욱여넣은 '자기'소개서에 '자신'이 있을 리도 만무하다. 더 충격적인 점은 예나 지금이나 '가짜' 자기소개서의 패턴이 똑같이 반복되고 있다는 사실이다.

앞서 언급한 합격자들은 내세울 만한 뛰어난 스펙이 없었다. 그래서 오히려 타인의 기준을 따르기보다는 자신만의 색깔을 찾고, 설득하는 데 집중했다. 두산에너빌리티 PM(Project Management) 합격자는 본인의 장점으로 '의심이 많다'는 점을 들고, 학부 시절 교양수업에서 수행했던 과제 사례를 근거로 제시했다. 공기업 시험을 포기했던 이유를 묻는 질문에는 뚜렷한 동기 없이 무턱대고 시험에 덤벼들었음을 인정했다. 그리고 새롭게 진로를 고민하는 과정에서 공무원만 가능하다고 생각했던 사회적 가치의 실현이 사적 영역에서도 가능할 수 있음을 뒤늦게 알게 됐다는 사실을 솔직하게 답변하며 사기업 지원 이유와 공백기에 대한 질문까지 한 번에 해결했다. "공백기를 대체 어떻게 답변해야 하나요?" "이직(또는 퇴사) 사유는 뭐라고 하면 좋을까요?" "사기업 지원 이유를 어떻게 이야기하나요?" 답이 없는 질문에 정답을 찾는 지원자들과는 달리 자신

    옴스잡스의 스펙을 뛰어넘는 자소서

의 인생을 고찰하며 얻은 성찰의 결과를 있는 그대로 제시하며 '주체적으로 사고할 수 있는 사람'임을 입증했다.

　AI가 단순반복적이고 복잡도가 낮은 일들을 빠르게 대체하고 있지만, 혁신과 창의성을 요구하는 분야에 있어서는 여전히 사람의 역할이 중요하다. AI 기술력이 빠르게 발전할수록 더욱 '나다움', '사람다움'이 중요해지는 이유이며, 타인이 정한 기준을 그대로 답습하는 사람들은 더 이상 필요하지 않다는 의미다. 그런 맥락에서 기업에서 필요로 하는 인재는 끊임없이 비판적 사고를 견지하며 주체적으로 문제를 의심하고 파고들며, 창의적으로 새로운 대안과 가능성을 제시할 수 있는 사람이다. 서비스가 출시된 지 불과 10년 만에 대한민국 대표 시중은행의 MAU(Monthly Active Users, 월간활성이용자수)를 따라잡은 비바리퍼블리카(Viva Republica)의 토스, 설립 10년 만에 유가증권시장에 상장되어 LG생활건강, 아모레퍼시픽이라는 화장품 업계 최고 기업들의 시가총액을 훌쩍 뛰어넘은 뷰티테크사 에이피알(APR)도 그렇게 탄생했다.

　그래서 필자는 인사 담당자, 취업 전문가들이 반복적으로 강조하는 취업 중심적인 사고에서 벗어나 스스로 생각하는 힘과 상대방을 설득할 수 있는 논리를 키워나갈 것을 강조한다. 천편일률적인 공식과 틀에서 벗어나 차별화를 실현하고, 회사 담당자들 앞에서 주눅 들지 않고 당당한 모습으로 맞설 힘을 갖춰야 한다.

　자기 자신을 돌아보며 깊이 성찰하고 사고의 힘을 키운다는 것은 한없이 막막하고 힘든 과정처럼 느껴질 수 있다. 하지만 오랜 시간 치열하게 고민해서 다져진 생각 근육은 경쟁자들이 쉽사리 따라올 수 없는 강력한 무기가 된다. 그래서 이 책은 지원자들이 '나, 회사, 직무' 각각을 치열하게 고찰하고 그 과정에서 축적된 사고를 바탕으로 자신만의 논리를 단단히 세워 나갈 수 있도록 구성했다.

이 글은 취준생을 주 독자층으로 한다. 하지만 적용될 수 있는 영역과 분야는 무궁무진하다. 일반 사기업뿐만 아니라 금융권, 공공기관, 공기업 지원 시에도 동일하게 적용된다. 신입 채용만이 아닌 경력직 채용에도 적용될 수 있고, 일반대학원 및 전문대학원을 준비하는 지원자들에게도 도움이 될 수 있다. 자기 자신에 대한 명확한 이해, 그리고 자신이 지원하고자 하는 대상, 업무, 목표에 대한 정확한 이해를 바탕으로 나만의 논리를 구성해 '반드시 나를 뽑아야 하는 이유'를 설득하는 것이 취업의 열쇠라는 본질은 동일하기 때문이다.

대학 시절 마케팅 관련 경험만 쌓다가 뒤늦게 금융공기업으로 눈을 돌렸지만 한국산업은행에 합격한 수강생도, 딱 1명만 뽑는 극지연구소 행정직을 뚫어낸 수강생도, 해양플랜트 B2B영업에서 5년 경력을 쌓고 금융권 경력직으로 이직할 수 있었던 필자도 전형적인 기준에서 벗어난 자신만의 탄탄한 논리가 있었기 때문에 스펙 초월 취업에 성공할 수 있었다.

글쓰기와 말하기는 타고나는 재능이 아니라 반복 속에서 단단해지는 기술이다. 서툰 문장과 어색한 답변을 내놓고, 끊임없이 다듬는 과정에서 관점은 더욱 선명해지고 생각의 밀도는 높아진다. 2012년, 블로그를 통해 취업 관련 글을 쓰기 시작한 이후로 14년 동안 수없이 많은 기업을 분석하고, 취준생들과 만나 자기소개서(이하 자소서)를 첨삭하고, 면접을 지도해 왔다. 2019년 『취업 끝판왕 옴스에게 배우는 스펙을 뛰어넘는 자소서』가 출간되었고, 당시만 해도 필자의 취업 철학과 개념 체계를 집대성한 정수라고 자부했다. 하지만 7년이 지난 지금 개정판을 준비하면서 돌아보니 초판의 논리와 내용의 전개가 부족하게 느껴지는 부분들이 많았다. 필자의 취업 개념 체계와 논리 자체는 변한 게 없음에도 수년 동안 같은 내용을 반복적으로 설명하고, 전달하는 과정에서 논리는 훨씬 더 날카로워졌고, 사고의 구조는 더욱 정교해졌으며, 내실은 단단해졌다.

글쓰기와 말하기, 자소서와 면접은 반복하면 할수록 정교해지고, 단단해진다. 사고의 깊이를 더하고, 확장할 기회를 AI에게 양보하지 않기를 바란다. 모든 질문과 답이 AI에게 수렴하는 시대, 『옴스잡스의 스펙을 뛰어넘는 자소서』와 함께 자신만의 색을 또렷하게 지키며 설득할 수 있는 '나답고, 사람다운' 인재로 성장할 수 있기를 바란다.

옴스

목차

6장 면접은 자소서의 확장판이다

취업은 '나'라는 제품을 '기업'이라는 고객에게 판매하는 과정이다. 무작정 고객 앞에 서서 "이 제품 정말 좋습니다. 구매해 주세요."라고 호소하는 것은 세일즈가 아니다. 이 제품이 어떤 가치를 지니는지, 그리고 왜 이 제품이 고객에게 필요한지까지 논리적으로 납득시키는 것, 그것이 취업 세일즈의 본질이다.

팔릴 수 있을지 없을지, 비싸게 팔릴지 싸게 팔릴지는 여러분 자신에게 달려 있다. 무작정 "저는 당신이 원하는 최상급 제품이 되기 위해서 살아왔어요."라고 부르짖기보다는 "저는 다른 제품과는 달리 이런 매력이 있답니다. 이런 이유로 당신에게 반드시 제가 필요합니다."라는 나만의 세일즈 논리를 만들어 나가야 한다.

1장

취업은 세일즈다

君子求諸己, 小人求諸人(군자구저기, 소인구저인)
군자는 원인을 자신에게서 찾고, 소인은 원인을 남에게서 찾는다.
− 공자, 논어

대체재가 될 것인가,
특수재가 될 것인가

"Don't be trapped by dogma which is living with the results of other people's thinking."
(타인의 신조라는 덫에 걸리지 마라. 그건 다른 사람들이 만들어낸 생각의 결과에 따라 살아가려는 모습일 뿐이다.)

– 스티브 잡스

필자는 월급날마다 "감사합니다, 주인님. 충성!"을 외치며 사용당하고 사육당하는 노예가 되고 싶지 않았다. 야근을 하더라도 "고맙네. 앞으로도 잘 부탁하네."라며 필자의 진가를 알아주는 곳에서 꿈을 펼치고 싶었다. 별것 아닌 듯 보이는 이 마인드셋의 차이가 취업을 대하는 태도의 차이를 만들었고, 결국 결과의 차이로 이어졌다.

필자가 처음 취업을 준비했을 당시부터 현재까지 지원자들의 취업 준비 패턴은 크게 변함이 없다. 인사 담당자들이 제시하는 인재상이나 선발 기준을 파악하기 위해 동분서주하며 채용설명회를 따라다니고, 여러 현직자를 찾아 커피챗, 인터뷰를 진행하며 직무 정보를 파악하기 위해 많은 시간과 돈을 쏟아붓고 있다. 자소서와 면접에서는 "당신네 회사의 가치관과 내 가치관은 맞닿아 있으며 직무에서 요구되는 주요한 역량과 경험들을 적극적으로 준비하고, 키워온 바 있다."라고 호소한다.

그러나 반골 기질이 있었던 필자는 기업들이 제시하는 보편적인 틀과 기준을 따를 필요가 없다고 생각했고, 모두가 원하는 정보를 얻기 위해 안간힘을 쓰고 싶지도 않았다. 모두가 보편적으로 알고 있고, 알 수 있는 수준의 가이드, 거기에 짜맞춘 천편일률적인 경험, 이력들과 전형적인 역량 키워드를 활용해서 어떻게 남들과 다른 나만의 독창성과 차별성을 가질 수 있을지 납득이 되지 않았다. 인류 역사를 통틀어서 혁신을 만들고, 세상을 바꿨던 이들은 기존의 것을 따르는 자가 아니라 기존의 것을 의심하고, 창의적인 관점을 제시하는 자들 아니었는가. 필자가 쓰임 받는 인재가 아닌 부름 받는 인재가 되기 위해서는 모두가 보편적으로 좇는 정답이 아니라 나만의 기준과 관점이 필요하다고 생각했던 이유다.

필자는 직원 8명이 일하는 부동산 컨설팅 회사에서 기획 인턴을 경험했고, 고등학교 수험생들을 위한 수능 공부법 네이버 카페

  옴스잡스의 스펙을 뛰어넘는 자소서

를 만들어 운영했으며, 광고디자인 회사의 프로젝트 매니저 업무를 경험하기도 했다. 해외 경험은커녕 남들은 한 번쯤 다 간다는 교환학생도 가지 않았다. 주변 사람들로부터 필자의 경험은 일관성이 없고, 목적과 목표를 알 수 없는 것들이라며 "그건 대체 왜 하는 거냐?"라는 핀잔을 수차례 듣기도 했다.

실제로 조선해양회사 대우조선해양(현. 한화오션) B2B 해외영업에서 신용평가사 영업직으로 면접을 볼 당시에도 "옴스 씨는 왜 이렇게 경험이 일관성이 없나요? 보통 대학생 때부터 마케팅이면 마케팅, 회계면 회계, 명확하게 방향을 정해서 스펙을 쌓는 게 맞지 않나요?"라는 날카로운 질문을 받았지만 필자의 답변은 간단했다. "다양한 경험을 해볼 수 있는 건 대학생의 특권이라고 생각했습니다. 오히려 그렇게 다양한 경험을 해봤기 때문에 정석 코스를 밟은 사람들과는 다른 저만의 관점과 역량을 갖출 수 있었다고 생각합니다." 해당 답변 때문에 붙었다고 할 수는 없겠지만 필자는 당시 1명을 뽑는 경력 채용에서 7명의 금융권 출신 경력자들을 제치고, 비금융권 지원자로서 최종합격할 수 있었다.

그렇게 필자는 분명한 목적과 목표가 있다면 과감하게 하고 싶은 일을 좇았다. 취업과 관련된 경험인지와 관계없이 필자만이 갖고 있는 뚜렷한 매력과 강점을 선명하게 드러내고, 필자의 경험으로 이를 증명했다. 그렇게 기업에서 필자가 필요할 수밖에 없는 이유를 명확하게 설득해 내겠다는 생각으로 취업에 임했다. 그렇게 해외 경험도, 어학 능력도 부족한 상태로 대우조선해양 해외영업에 입사할 수 있었을 뿐 아니라 CJ E&M 전략기획, 다음(현. 카카오) Business 기획 등 여러 직무에 동시 합격할 수 있었고, 추후 대우조선해양에서의 B2B 영업 5년 경력을 기반으로 분야가 전혀 달랐던 신용평가사와 캐논 PM(Product Marketing), 서울대학교 행정(교직원)에 최종합격하는 결과로 이어지기도 했다.

이제는 필자가 아닌 수강생들이 스펙초월 취업 신화를 끊임없이 이어 나가고 있다. 컴퓨터공학과 출신들을 제치고 LG그룹에 합격한 문과 출신 복수전공 개발자, 수도권 대학 학부 졸업생으로 내로라하는 서울 상위권 석사 졸업생들을 제치고 삼성SDI 셀소재개발에 입사한 합격자, 7급 공무원 실패 후 뒤늦게 사기업 취업으로 돌려 2년의 공백기를 안고 20대 후반의 나이에 두산그룹 입사에 성공한 합격자까지, 매년 100명에 가까운 수강생, 구독자들이 스스로 힘으로 자신의 가치를 드높여 바늘구멍을 뚫고, 최종합격에 성공하고 있다.

기존의 것들이 빠르게 대체되고, 끊임없이 변화가 일어나는 시대. 과거에 먹혔던 레시피를 그대로 답습하며 기적이 일어나기만을 간절히 바랄 것인가. 나만의 재료, 나만의 해석으로 변화하는 시대에 적합한 나만의 레시피로 스스로 취업을 쟁취할 것인가.

    옴스잡스의 스펙을 뛰어넘는 자소서

정량적 스펙이 아닌
생각의 깊이로 승부하라

주도적으로 조직의 문제를 해결할 때 가장 빛나는 사람입니다. 인재개발실, 온보딩, 행사기획 등 다양한 업무를 수행하고, 인재를 확보하는 과정에서 어려움이 있었지만 직접 발로 뛰며 이야기를 듣고, 채용 프로세스 개편하는 과정에서 인재를 성공적으로 확보할 수 있었고, 정사원으로 조기 전환되는 성과를 낼 수 있었습니다. 또한 인사 업무를 진행하며 비즈니스, 현업에 대한 이해를 높이고자 주도적으로 파견을 자처했습니다. 이런 경험 덕분에 조직에서 필요한 부분 빠르게 시야를 넓힐 수 있었다고 생각합니다. 기아차에서도 문제의식을 갖고, 회사 발전에 기여하는 직원이 되겠습니다.　　　　　　　　　　　　　- 기아 국내사업본부 지원자

항상 적극적이고 주도적으로 행동하면서 성과를 달성해 왔고, 이를 통해 역량을 키울 수 있었던 만큼 뽑아주신다면 열심히 할 수 있다는 내용이다. 결국 회사에서는 일을 잘할 수 있는 사람을 원할 것이고, 때문에 당연히 주요 경험과 성과를 직무와 연결해야 어필될 수밖에 없다는 판단에서 비롯된 일차원적인 접근이다.

이 책을 읽고 있는 독자들 상당수도 비슷한 방식으로 자기소개를 준비하고 있거나, 이렇게 준비해서 이미 탈락을 경험했을 수도

옴스잡스의 스펙을 뛰어넘는 자소서

있다. 당연한 결과다. 내가 국내 최고 수준의 대학교 출신에 수석 졸업자가 아니고서야 지원한 분야에서 나와 비슷한 이력과 경험을 갖춘 이들은 한둘이 아닐 것이다. 오히려 나보다 더 뛰어난 연구 성과나 경험을 가진 이들이 있을 가능성이 훨씬 높다. 그렇다면 지원하는 회사의 수준이 높고, 경쟁이 치열할수록 내가 열심히 살아왔고, 관련된 경험을 쌓고, 역량을 키우기 위해 노력했다는 어필이 먹힐 가능성은 희박해질 수밖에 없다. 냉정하게 논리를 따져보면 당연한 이치다.

과거까지만 해도 필자의 방향성에 공감하는 지원자들이 많지 않았지만 최근 들어 분위기가 바뀌고 있다. "함께 면접장에 들어간 지원자들 자기소개가 대부분 비슷하다." "면접관님들이 관련 경험, 성과 어필에 전혀 관심이 없더라. 아예 안 들으신다."라는 후기를 어렵지 않게 확인할 수 있다.

BC카드 DX부문에 지원한 ○○○입니다. 저는 개발에 있어서 사소한 디테일이 성능에 큰 영향을 미친다고 생각합니다. 인턴 당시 스마트폴의 배터리 잔량을 그래프로 표현하는 과정에서 무한 렌더링 문제가 발생했습니다. 화면 자체는 문제가 없었지만 사용자가 많아질 경우, 서버에 과부하가 일어날 것이라고 판단하여 빠른 개선을 결심했습니다. 해당 문제는 의존성 배열의 얕은 참조로 인해 발생됨을 파악했고, 잔량이 첫 렌

더링 시에만 화면에 보이도록 개선함으로써 네트워크 전송량을 기존 대비 약 10분의 1 수준인 6.3KB로 개선할 수 있었습니다. 저는 이 경험으로 작은 디테일을 놓치지 않는 것이 성능에 큰 영향을 미친다는 것을 알게 되었습니다. 앞으로 BC카드에서도 디테일한 시각으로 매입, 승인, 정산 프로세스를 구현하도록 하겠습니다.

- BC카드 DX부문 최종합격자 '1분 자기소개'

부족함을 인정하는 자세는 성장의 밑거름이라고 생각하는 지원자 ○○○입니다. 저는 총 다섯 번의 수능을 치렀습니다. 부끄럽지만 네 번의 수능 실패를 겪은 뒤 부모님의 핀잔을 듣고 나서야 부족한 점은 받아들이지 않고, 저만의 공부법을 홀로 고집하며 정체하고 있던 스스로의 모습을 마주할 수 있었습니다. 이후 학원을 다니는 조건으로 마지막 기회를 얻었고, 막상 학원에 가니 가장 오래 시험 준비를 했음에도 성적은 하위권이라는 사실과, 모르는 것을 숨기려는 저와 달리 하나라도 더 알아가려는 동기들의 모습에 지난 세월을 반성했습니다. 부족함을 인정하고, 적극적인 자세로 배움을 찾고, 받아들이려는 태도를 배웠고 4년 동안 이룰 수 없었던 대학에 진학할 수 있었습니다. 기구개발은 단순한 부품 설계가 아니라, 구조적 안정성은 물론, 조립성·양산성·내구성까지 종합적으로 고려해야 하는 어려운 일입니다. 항상 부족함을 인정하고 적극적으로 배우고자 하는 태도로 최선을 다하는 엔지니어가 되겠습니다.

- LG전자 R&D 최종합격자 '1분 자기소개'

옴스잡스의 스펙을 뛰어넘는 자소서

실제 합격자들의 1분 자기소개다. BC카드 DX부문 최종합격자는 원래 SW 전공자가 아니었다. 전과를 통해 개발로 진로를 뒤늦게 전환했고, LG전자 R&D 합격자는 늦은 대학 입학으로 인해 6개월의 학부연구생을 제외하면 실무 경험을 쌓을 겨를도 없었다. 만약 BC카드 합격자가 개발 관련 경험을 열심히 쌓아왔다고 어필하거나 LG전자 합격자가 짧은 학부연구생 경험을 강조했다면 애초부터 지원 분야와 관련된 이력과 경험을 쌓아온 경쟁자들을 띄워주는 상황이 연출됐을 것이다. 오히려 자신만의 색깔을 드러냈기 때문에 면접관들의 주목을 받고, 남들과 다른 기준으로 평가받을 수 있는 여지를 만들어 쟁쟁한 유관 경력자들을 제치고 최종합격할 수 있었다.

누구에게나 그럴듯한 경험은 있다. 내가 이 분야에서 최고 중의 최고라는 확신이 없다면 스펙이 아닌 관점에서 차별성을 확보해야 취업의 기회가 열릴 것이다.

취업의 핵심 3요소: 나, 회사, 직무

차별성 있는 제품과 번지르르한 말솜씨만으로 세일즈를 성공할 수는 없다. 나라는 '제품'이 아무리 좋다고 한들 사주는 사람 마음에 들지 않으면 말짱 꽝이다. 제품의 잠재 구매자인 '고객'의 니즈에 맞게 나라는 제품의 가치를 납득시켰을 때 '취업'이라는 '세일즈'가 일어나게 된다. 타 경쟁사 제품과는 다른 차별성의 설득, 그러면서도 까탈스러운 고객님의 입맛까지 맞추기 위해서는 정밀한 제품과 고객 이해가 동시에 수반되어야 된다. 취업 시장에서 제품은 '나', 고객은 '산업/기업/직무'다. 나라는 제품은 정해져 있는 특수한 상황에서, 제품이 고객에게 소구될 수 있는 최적의 접점을 찾고, 효율적인 방식으로 설득을 이끌어 내는 능력이 바로 취업 세일즈다.

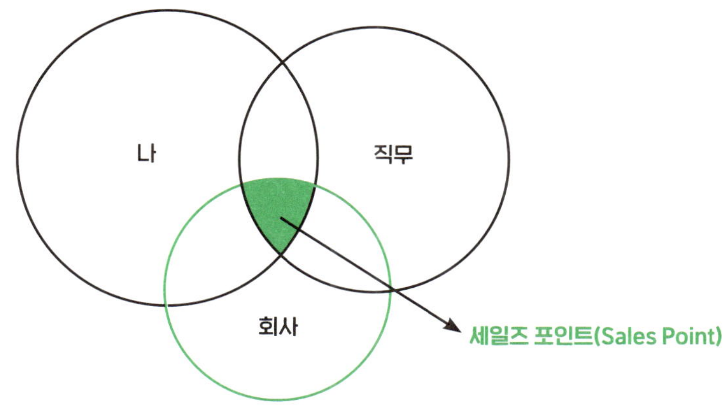

미우나 고우나
내가 팔 제품은 나 자신

유려한 자태를 뽐내는 최고급 스포츠카가 아무리 부러울지라도 그것은 여러분의 것이 아니다. 취업도 자기가 팔고 싶은 제품을 파는 게 아니라 미우나 고우나 '나 자신'을 팔아야 한다는 사실을 직시해야 한다. 그러나 대부분 이미 취업에 성공한 선배, 동기, 친구들을 기준으로 삼고, 그들과 비슷한 경험과 스펙을 갖추는 데 온 힘을 쏟느라 바쁘다. 과거 1980~1990년대 대한민국이 노동집약적으로 성장했던 시기에 중요했던 역량과 코로나19로 비대면 트렌드가 전 세계적으로 확산하던 시기에 요구되는 역량과 기준이 동일할 수 없다. 게다가 비대면 전환 트렌드 선점을 위해 앞다투어 대규모 채용이 이뤄졌던 코로나19 시기는 최종합격을 위한 최저선도 높지 않았다. 상대적으로 T/O에 여유가 있고, AI의 일자리 대체도 더뎠던 시기에 합격한 현직자의 조언이 역사상 최악의 채용 시장을 경험하고 있는 지금 세대에게 먹힐 리 만무하다.

다시 말하지만 우리가 팔아야 하는 대상은 자기 자신이다. 이미 팔려 나간 제품의 세일즈를 고스란히 답습하거나 나와 다른 스펙을 가진 제품이 공략했던 타깃과 세일즈 전략을 그대로 차용하는 바보 같은 세일즈맨은 없다.

'나'라는 제품에 대한 이해 없이 다른 사람의 제품, 타사의 제품만을 부러운 눈으로 바라보며 시간을 허비하고 있으니 면접장만 가면 "그런 거 말고 진짜 자기소개를 해보세요."라는 말을 수차례 듣게 된다. 이미 비슷한 스타일의 패션 아이템을 가졌는데 비싼 돈을 내고 굳이 똑같은 아이템을 다시 살 이유는 없다. 천편일률적인 역량 키워드의 활용과 스펙 어필을 강조하면 할수록 채용 담당자들이 고개를 갸우뚱하고, 어두운 표정을 짓는 이유다. '또 도전정신, 끈기, 소통이야?' 자기 자신을 마주하고 치열하게 이해하고자 노력하며 자신이라는 제품만의 가치를 여실히 드러내려는 노력 자체가 눈길을 끄는 차별화의 시작이고, 합격으로 가는 지름길이라는 사실을 반드시 깨달아야 한다.

필자가 철저한 고객 이해 기반의 세일즈를 강조하다 보니 기업과 산업/직무분석을 철저하게 해서 거기에 맞춰서 나를 파는 게 중요한 게 아니냐는 의문을 제기할 수 있다. 하지만 철저하게 산업/직무를 분석한다고 한들 그들의 니즈를 충족시켜줄 수 있는 나만의

　　　　옴스잡스의 스펙을 뛰어넘는 자소서

가치가 없다면? 고객 분석을 기반으로 도출한 세일즈 포인트가 이미 다른 수많은 경쟁자들이 똑같이 어필하고 있는 특징과 별반 다르지 않다면? (예를 들어 도전정신, 끈기, 분석력, 소통 등) 그렇다. 결국 나라는 제품이 팔릴 이유는 생기지 않는다. 무조건 '나'가 먼저이고, 중심인 이유다. '나'에 대한 이해가 약할수록 고객의 날카로운 공격, 경쟁자들의 공세에 휘둘릴 수밖에 없다. 어떤 고객에게 어떻게 팔 것인가에 대한 고민은 제품에 대한 치열한 고민이 이루어진 다음이다.

의욕만 앞서 급하게 준비하는 것으로는 돌발적으로 날아드는 질문과 위기상황을 이겨낼 수 없다는 점을 명심하자. 제품에 대한 철저한 이해, 그것이 바로 취업 세일즈맨이 되기 위한 1단계다.

섬세하고 정교한 고객분석에서 성공적인 세일즈가 완성된다

제품에 대한 이해 다음이 철저한 고객 이해다. 많은 지원자가 가장 실패하는 지점이 '얕은 분석, 얕은 이해'다. '나'라는 제품의 장단점과 특징을 세밀하게 이해한 상태에서 고객(산업/직무)에 대한 이해를 높여갈수록 이전에는 보이지 않았던 여러 접점이 보이기 시작한다.

가격민감도가 높은 고객에게 화장품을 판다고 가정하면 가성비를 강조할 수밖에 없지만 보편적으로 쓰는 데일리 케어 제품에서만 가격민감도가 높고, 품질이 중요한 기능성 제품군에서는 높은 가격까지 지불할 용의가 있는 고객이라면 굳이 가격 어필부터 시작하지 않고, 제품의 기술력과 차별성에 집중해 판매를 높일 수 있다.

대부분은 철저한 고객 분석을 위해 기업들의 채용설명회에 적극적으로 참가해 인사 담당자들의 말 한마디도 놓치지 않으려고 온 힘을 다한다. 지원하는 산업이나 직무 분야의 현직자들을 직접 만나 조언을 듣고, 정보를 얻는 커피챗도 필수 코스다. 그렇게 정성을 다한 끝에 요새 회사에서는 도전정신과 끈기가 있고, 함께 오래 일할 수 있는 신입을 원한다는 것, 현업에 일손이 부족한 상황이기 때문에 빠르게 업무에 투입될 수 있는 지원자가 필요하다는 뻔한 정보를 얻고, 결국 관련 분야에 대한 열정과 끈기, 성과를 어필하는 결과로 이어진다. 취업하고 싶은 욕심만 앞선 정성스러운 헛짓이다. 그들의 눈에 들 수 있는 얄팍한 수만 찾으려고 했을 뿐 상대방이 어떤 고객인지, 다른 고객들과 무엇이 다른지, 진정으로 원하는 게 무엇인지에 대해서 진심을 갖고 고민한 과정은 존재하지 않는다.

채용 담당자들은 자선사업가가 아니다. 한 사람을 뽑는다는 것은 매년 수천만 원의 비용을 감수하겠다는 결정이다. 담당자가 듣고 싶은 이야기는 눈물 없이 들을 수 없는 인생 역전 스토리가 아니다. 정말 우리 사업과 회사에 관심이 있는지, 지원한 직무에 대한 이해도는 어느 정도이며, 자신이 어떤 역량으로 회사에 어떻게 기여할 수 있는지 분명한 논리를 제시할 수 있는 지원자를 찾는다. 그럼에도 불구하고 보통의 지원자들은 절박함과 간절함을 무기로 미주알고주알 자신의 모든 스펙과 경험을 드러내며 채용을 갈구하기

     옴스잡스의 스펙을 뛰어넘는 자소서

에 여념이 없다. 고객에 대한 이해는 하나도 없는 막무가내 세일즈의 전형이다.

고객을 이해하기 위한 치열한 노력이 수반되어야 진짜 고객들의 마음을 얻을 수 있는 자신만의 세일즈 포인트를 찾아낼 수 있다. 누구나 쉽게 생각할 수 있는 회사·직무 정보를 앵무새처럼 반복하거나, 주관적인 해석이나 이해 없이 인터넷에서 습득한 핵심가치, 필수역량들을 입으로 옮기는 수준으로는 고객의 마음을 얻을 수 없다. 자신에 대한 깊이 있는 탐구, 기업에 대한 깊이 있는 해석의 부재가 바로 여러 번 취업 시즌을 반복하면서도 회사의 애정 어린 눈길을 한 번도 받을 수 없었던 이유다.

필자와 지원자의 상담 내용을 살펴보자.

지원자 A　옴스님, 카카오에 정말 들어가고 싶은데 지원동기는 어떻게 써야 할까요?

옴스　카카오에 가고 싶은 이유가 뭔가요? IT 산업에 관심이 있어서라면, 왜 다양한 IT 관련 하드웨어나 소프트웨어가 아니라 IT 플랫폼 서비스 기획에 관심이 있는 건가요? 앞으로의 IT는 어떤 방향으로 발전하게 될까요?

지원자 B　자신만의 차별화된 강점과 입사 후 활용 방안은 어떤 식으로 작성해야 할까요?

옴스　○○님은 스스로를 어떤 캐릭터로 표현할 수 있나요? 도전정신, 책임감, 배려심 이런 거 말고 진짜 ○○님만이 남들보다 잘할 수 있는 특기나 소소한 기술은 뭔가요? 입사하면 어떤 일을 하게 될 거라고 생각하나요?

보이는가? 판매해야 할 제품에 대한 공부도 되지 않은 상태에서 회사 담당자들에게 어필이 될 수 있는 정답만 찾아다녔을 때 마주하는 결과는 명약관화다. 이는 각 단원에 등장하는 핵심개념들과 원리는 제대로 탐구하지 않고, 공식만 달달 암기한 상태에서 4점짜리 수학 문제에 덤벼드는 꼴이다. 핵심개념과 원리를 모른다면 고득점은 꿈도 꿀 수 없다.

'나, 회사, 직무'라는 취업 세일즈 3가지 핵심 원칙에 대한 철저한 이해가 변화의 시작이다. 어떤 자소서 항목이나 어떤 면접관을 만나도 당황하지 않고 자신만의 확신을 보여주며 응수할 수 있는 유연하고도 강력한 힘이 바로 여기서 나온다. 개념을 완전히 이해한 고득점자들은 새로운 유형의 문제를 만나도 해결책을 찾아낸다. 완벽하게 이해한 개념을 문제풀이에 적용하고 부족한 부분을 개선하는 과정은 마지막 단계다. 자소서 작성법보다 취업 개념을 바로잡는 것이 먼저인 이유다.

5장에서 다루게 될 설득력과 전달력 향상을 위한 자소서 작성법 3원칙은 치열한 고민의 결과물을 전달하는 효과적인 기술일 뿐이다. 표현이 투박하더라도 진정성을 보이면 그 어떤 정제된 표현보다 더욱 강력한 공감과 설득의 힘을 갖는다는 사실을 명심하고, 기술보다는 본질에 먼저 집중하자.

　　　　　　　　　　옴스잡스의 스펙을 뛰어넘는 자소서

나만의 재료,
나만의 레시피를 찾아라

중요한 손님들이 느닷없이 집에 들이닥쳤다고 가정해보자. 배달음식을 주문할 수도 없고, 그렇다고 장을 볼 시간도 없다. 오로지 집에 있는 재료만으로 손님들에게 그럴듯한 음식을 대접해야 한다. 부랴부랴 컴퓨터를 켜고 검색을 시작한다. 저녁 시간은 지났으니 가볍게 한잔 걸치기 좋은 소시지채소볶음과 베이컨떡말이로 메뉴를 정하고 주방으로 향했다. 그런데 이게 웬걸, 냉장고에 소시지나 베이컨은커녕 떡조차 없었다. 애초에 큰 기대도 하지 않았지만, 기다리다 지친 손님들은 그사이 모두 떠나버렸다. 도대체 무엇이 문제였을까?

이는 자기가 가진 재료는 생각하지 않은 채 무작정 먹고 싶고,

맛있는 레시피만 찾았기 때문에 필연적으로 발생할 수밖에 없었던 문제다. 재빨리 현실과 타협하고 저렴한 요리로 선회하라는 말이 아니다. 우리 집 냉장고 안에 소시지, 베이컨이 없었다는 걸 탓할 게 아니라 냉장고 안에 있는 재료들을 활용해서 만들 수 있는 요리를 고민해야 한다는 것이다. 하물며 무심코 열어본 냉장고에 생각지 못했던 소고기나 전복이 있을 수도 있는 것 아니겠는가? 레시피가 먼저가 아니다. 우리 집 냉장고에 어떤 재료가 있는지를 살펴보는 게 먼저다.

남의 냉장고를 뒤지는 취준생, 그 결과는?

취업도 마찬가지다. 자신이 가진 재료, 즉 무기가 무엇인지를 파악하는 것이 최우선이다. 하지만 대부분의 지원자들은 눈에 보이는 정보들을 좇느라 바쁘다. 회사에서 실시하는 채용설명회를 살뜰히 챙기고, 홈페이지에 나와 있는 핵심역량, 인재상, 경영철학, 비전까지 샅샅이 조사한다. 그리고 자소서를 쓰려고 자리에 앉아보지만 바로 그 순간 '멘붕'이 온다. 가고 싶은 회사, 회사의 주요 사업, 직무 설명까지 주야장천 알아보고 조사했는데, 어디서부터 어떻게 이 내용들을 풀어내야 할지 도무지 감이 오지 않는다.

당연히 그럴 수밖에 없다. 취업은 '나'를 소개하고 판매하는 과

　　　옴스잡스의 스펙을 뛰어넘는 자소서

정인데 자신과는 전혀 관련 없는 정보 수집에만 몰두했기 때문이다. 이는 곧 우리 집 냉장고에 무엇이 채워져 있는지 확인하지도 않은 채 남의 레시피만 죽어라 들여다보는 꼴이다. 다시 말해 자신의 과거와 인생이 어떠했는지, 자신이 어떤 가치관과 생각을 갖고 있는지에 대해 고찰해보는 것이 먼저라는 의미다. 주변 선배와 동료들에게 요새 취업이 정말 힘들다는 말을 숱하게 들으면서 얼른 취업 준비를 해야겠다는 생각에 조급함만 점점 커진다. 자연스레 깊이 고민할 시간이 필요한 인생과 내면에 대한 고찰은 외면하게 되고, 눈앞에 보이는 정보를 좇는 데만 급급하다 보니 '나'를 세일즈하는 과정의 핵심인 '나'는 뒷전이 되고 만다.

- 적극적인 자세와 태도로 고객만족을 위해 최선을 다하는 사람이다.
- 상대방을 이해하려고 하는 마음과 배려심을 통해 협업을 이끌어 최고의 성과를 달성한다.
- 우리 일은 나의 일이라는 책임감과 주인의식을 바탕으로 매사 적극적으로 앞장선다.
- 항상 고객의 입장에서 생각하고, 만족을 극대화시킬 수 있는 방법을 고민한 끝에 신뢰를 얻었다.

앞의 내용은 기업 홈페이지에 있는 핵심가치와 인재상, 채용 페이지에 소개되어 있는 직무별 필수역량에 억지로 짜맞춰 작성된 자소서에 등장하는 흔한 주제들이다. 신기하게도 영업 지원자들이 강조하는 역량도 책임감과 적극성, 커뮤니케이션이며, 마케팅 지원자들이 강조하는 역량도 분석력과 커뮤니케이션, 인사팀 지원자가 강조하는 역량도 적극성과 커뮤니케이션이다. 하물며 회계, 재무, 기획, 전략, 기술, 설계 등 모든 직무에서 적극성과 커뮤니케이션, 그리고 책임감을 강조하곤 한다. 마치 무적의 무기인 양 모든 지원자가 동일한 키워드를 맹목적으로 차용한다. 이 같은 패턴은 면접까지 고스란히 이어진다. 행여 운 좋게 서류 전형에서 통과해 면접에 간다 해도 원인을 알 수 없는 탈락을 마주하게 되는 건 당연지사다.

실제로 수많은 지원자가 시장에 떠도는 정보를 그대로 반영해 비슷한 문구와 표현을 반복하고 있다. 인재상, 핵심가치, 직무역량 등에서 말하는 키워드를 똑같이 활용해봐야 설득력도, 차별성도, 신뢰도 아무것도 얻을 수 없다. 그저 기껏 주어진 소중한 기회를 허무하게 날리는 상황만 반복될 뿐이다. 더 이상 정답 아닌 정답을 좇느라 값비싼 시간과 소중한 기회를 허비하지 말자. 옆의 지원자들과 똑같이 개성 없고 특징 없는 지원자로 폄하되고 저평가받는 상황을 벗어나려면 피나는 고민과 노력이 필요하다.

당장 시선을 내부로 돌려 우리 집 냉장고를 열어보자

이제 시선을 외부에서 내부로 돌려야 하는 이유가 분명해졌다.

자기 손에 맞는 무기를 찾고, 가장 자신 있는 전장에서, 자기만의 방법으로 싸워야 승리할 가능성을 높일 수 있다. 마찬가지로 자기가 가진 재료로 상대방의 입맛을 사로잡을 수 있는 만반의 준비를 갖춰야 한다. 자기만의 방식으로 재료를 배합해, 기대조차 없던 손님의 무관심을 깨고 결국 자신의 음식을 맛있게 먹게 만드는 것, 그것이 취업의 본질이다.

자신이 가진 재료에 대해 이해하고 자기만의 레시피를 축적하기 위해 '인생기술서'를 작성할 것을 권장한다. 이는 일반적으로 지원자들이 경험을 정리한답시고 엑셀이나 워드를 가지고 주요 경험, 내용, 역량 등을 분절적으로 구분하고 정리하는 방식으로는 결코 대체할 수 없는 필수 과정이다. 최대한 인생을 구석구석 들여다보고, 하나의 경험이나 에피소드도 그 과정과 맥락을 자세하게 뜯어보며 고민해보자. 그렇게 함으로써 '나'라는 제품에 대한 이해도를 높이고, 자신감을 얻게 될 것이다.

기업에서 원하는 인재는 누구인가

"옴스님 말대로라면 스펙이 중요하지 않다는 의미인가요?" 그렇지 않다. 스펙은 중요하다. 다만 아무리 좋은 스펙을 가졌더라도 지원자 자신만의 색깔과 논리를 찾지 못한다면 무용지물이라는 의미다. 상대적으로 스펙이 부족한 상황에서도 나만의 차별성을 확보함으로써 기회를 늘리고, 합격의 가능성을 높일 수 있다는 것이 핵심이다. 그럼에도 불구하고 혼란스러울 지원자들을 위해서 '옴스잡스의 취업 공식과 개념'을 정리해본다.

취업력 = 상수(정량: 스펙) × 변수(정성: 생각·사고력)

- 스펙은 정량적으로 측정이 가능하다. 그래서 좋고 나쁨의 비교가 가능하다.
- 스펙은 한계효용 체감의 법칙이 성립한다. 평균적인 수준을 넘어서는 스펙이라면 하나가 추가됨으로써 얻을 수 있는 효용은 갈수록 크게 떨어진다.
- 생각·사고력은 변수다. 플러스(+)/마이너스(-)의 구분이 있고, 지원자 간 편차가 매우 크다. 상대적으로 좋은 스펙, 하자 없는 스펙을 갖고서도 탈락을 반복하는 지원자라면 변수가 마이너스로 작용한 경우다. 반대로 변수가 양의 방향으로 큰 절대값을 가질수록 스펙초월 취업의 가능성은 높아진다.

"다른 회사들 서류는 다 떨어졌는데 현대차는 전혀 기대 안 하고 썼는데 붙었습니다. 열심히 쓴 삼성은 왜 떨어진 걸까요?" 기업마다 사람을 뽑는 기준이 천차만별일 뿐만 아니라 매 시기 시장의 상황이나 업황에 따라서 뽑는 인원 또한 고무줄처럼 늘었다 줄어들기를 반복한다. 그렇기 때문에 서류 단계에서 특정 기업의 합격과 탈락의 이유를 명확하게 찾는 것은 불가능에 가깝다. 실제 삼성그룹의 경우 스펙에 대한 편견이 가장 적은 그룹사로 다른 곳에서는 전부 서류 탈락을 경험하고 삼성그룹에서만 유일하게 합격하는 사례들도 많다. 반대로 다른 곳에서의 서류 합격률은 높은데 재차 지원해도 특정 기업의 서류 전형을 뚫지 못하는 사례들도 많다. 그래서 지원자 입장에서는 어디를 붙고 떨어졌냐가 아니라 일반적인 합격률이 어느 정도인지, 어느 산업군/직군에서 양호한 합격률을 보이는지를 보는 것이 더 중요하다.

대체로 서류 합격률이 낮은 편이라면 스펙이 상대적으로 부족하거나, 자소서가 별로이거나 둘 중 하나다. 2025년 수강생 중 '서성한(서강대·성균관대·한양대의 줄임말)' 출신이면서 서류 합격률이 너무 낮아 고민 중인 지원자들이 더러 있었다. 외국어 실력도 뛰어나고, 학회, 인턴, 공모전 및 프로젝트 경험까지 충분히 갖고 있었다. 이런 경우에는 100% 자소서가 문제인 경우다. 이후 자소서에서 문제점을 찾고, 개선하는 과정에서 서류 합격률은 30~40% 수준까지 올라갔다. 정량적 스펙이 좋을수록 변수 개선으로 인한 효과는 더욱 커진다.

"저는 학교 취업컨설턴트나 현직자, 전문가 등을 만나서 지속적으로 피드백 받으면서 자소서를 수정했는데도 탈락했습니다."라고 이야기하는 사례도 있다. 막상 필자가 직접 자소서를 보면 자신만의 색깔과 논리가 전혀 드러나지 않고, 설득력도 없는 경우가 대부분이다.

필자가 판단하기에 취업력이 충분해 보이는데도 불구하고, 안타깝게 서류나 면접에서 떨어지는 지원자들도 있다. 취업 시장의 구조적인 변화와 영향을 받는 경우다. 과거에는 채용 인원이 가장 많고 비교적 진입 장벽이 낮다고 여겨졌던 영업 직군에도 서울 상위권 대학에 외국어 실력까지 겸비한 지원자들이 몰리고 있고, 일반 제조업의 생산/공정 직군에서도 석사 출신 지원자들을 심심치 않게 볼 수 있다. 이런 경우에는 일희일비하지 않고, 계속 자소서 개선을 이어가면서 산업군을 확장해보는 게 중요하다. 내가 아무리 매력적이라고 한들 모든 사람으로부터 사랑을 받을 수 없는 것과 같은 이치다. 다수의 의견에 휩쓸리지 않고, 어디서든 자신만의 색깔과 개성을 여실히 드러낼 수 있는 지원자라면 본래 생각지 못한 분야에서 좋은 결과를 마주하는 경우도 많다.

석사들이 판치는 R&D/설계 직군에서 포스코인터내셔널을 포함해 LG전자, HL만도, HD현대중공업까지 4군데에 중복합격한 기계공학과 학부 졸업 예정자도, 최종합격한 4개 사보다 규모가 작은 현대위아에서 탈락의 고배를 마셨었다. KIA 글로벌사업에 최종합격한 지원자는 앞서 팬오션, 금호타이어 1차 면접에서 탈락한 바 있었다. 어디에 붙고 어디에 떨어졌다고 일희일비하기보다는, 탈락을 발판 삼아 '변수'를 끌어올린다면 이후에 훨씬 더 좋은 기회를 만나 기대를 뛰어넘는 결과를 낼 수 있다.

내 정량과 정성의 수준은 어느 정도인가, 어떤 부분을 개선해야 시간을 효율적으로 활용해서 원하는 결과를 낼 수 있을 것인가. 취업 공식을 기반으로 끊임없이 점검하며 계획 수정과 실행을 반복하는 게 중요하다.

"만약 내가 정말 지혜롭다고 믿는다면, 나는 더 이상 질문하지 않을 것이다." 소크라테스의 이 말은 고대부터 전해진 "너 자신을 알라"는 메시지를 어떻게 실천해야 하는지 보여주는 말과도 같다. 메타인지라는 단어가 젊은 세대들 사이에서 유행처럼 번지고, MBTI를 모르면 대화에 낄 수 없을 정도로 자기 자신이 어떤 사람인지에 대한 관심이 많은 세대이지만 정작 대부분 지원자의 자기 인식 수준은 한없이 피상적이다. 깊이 없는 자기 이해는 무색무취한 자소서와 면접으로 이어진다. 정밀한 메타인지는 '나를 어떻게 표현해야 할까'라는 고민이 아니라 내 과거, 경험, 사고방식 하나하나를 세세하게 파고들고 적나라하게 마주하는 과정에서 시작된다.

세일즈 첫 단계,
나라는 제품 파악하기

Not everything that is faced can be changed,

but nothing can be changed until it is faced.

마주한 모든 것이 바뀌는 것은 아니지만,

마주하지 않으면 아무것도 바뀌지 않는다.

— 제임스 볼드윈, 에세이 『Notes of a Native Son』

차별화는 소재가 아닌 해석에서 시작된다

똑같은 브라질산 닭을 튀겨도 치킨집마다 맛이 다르다. 어떤 집은 쪽박이 날 때 어떤 집은 대박을 터뜨린다. 자소서 역시 마찬가지다. 훌륭한 에피소드를 갖고도 기대에 못 미치는 글을 쓰는 지원자가 있는 반면, 평범한 소재로도 눈길을 사로잡는 지원자도 있다. 조리법에 따라서 하찮아 보였던 경험에도 새로운 의미를 부여할 수 있다는 것을 몇 가지 사례를 통해 직접 확인해보자.

서로의 부족한 부분을 보완하는 팀

중고등학생 시절, 팀 프로젝트는 마냥 따분하고 귀찮은 활동이라고 생각했습니다. 그러다 대학교 1학년, 남아프리카 개론 수업에서 '보츠와나'를 주제로 동기와 팀 프로젝트를 하게 되었습니다. 동기와 사회/경제로 파트를 나눠 각자 자료조사와 PPT를 제작하고, 발표 전 서로의 결과물을 확인해 보니 동기의 자료가 폰트, 내용, 구성 모든 면에서 제 자료보다 뛰어났습니다. 처음엔 동기보다 한참 부족한 저의 실력에 충격받았지만, 이내 동기의 발표 자료를 참고하여 제 분량의 PPT를 전면 수정한 결과 교수님으로부터 깔끔한 PPT 구성을 칭찬받을 수 있었습니다. 이를 계기로 서로의 부족한 부분을 보완하며 성장하는 팀의 가치를 알 수 있었고, 이왕이면 내가 먼저 공백을 메워가는 사람이 되어야겠다고 다짐했습니다. (하략)

- 삼성SDI 영업마케팅 최종합격자

인턴, 실무 경험 하나 없이 삼성SDI 영업마케팅에 합격한 지원자의 성장과정 내용 중 일부다. 스펙과 경험을 앞세워 직무 관련 경험과 성과를 제시하거나 끊임없이 다양한 경험에 도전하며 성장해왔음을 어필하는 지원자들과 달리 '아프리카어 전공' 수업을 듣는 과정에서 본인의 부족함을 깨달았던 사례를 활용해 성장과정의 도입부를 구성했다.

삼성그룹의 성장과정은 총 1,500자로 구성되는데, 이어지는 내용에서는 호프집 서빙 아르바이트 경험과 영어학원 조교 아르바이트 경험을 서술했다. 정말 1,500자 내내 특별한 소재는커녕 직무적으로 어필될 만한 소재는 없었다.

최선의 전략이 최고의 결과로

고등학교 2학년, 반대항 축구 토너먼트에서 우승을 하고 싶었지만 다른 경쟁 학급에 비해 특출나게 축구를 잘하는 친구가 없었습니다. 하지만 평소에 축구 전술 분석을 좋아했던 저는 2012/13시즌 언더독이었던 도르트문트가 감독의 획기적인 압박 전술로 챔피언스리그 결승에 간 사건을 기억했습니다. 저는 축구에 있어서 전술의 중요성이 매우 크다고 생각했고, 약속된 전술로 충분히 강팀을 상대해볼 수 있겠다고 생각했습니다. 다음 날 학교에서 친구들을 부추겨 동의를 얻었습니다. 이후 역습 전술에 따라 각자 약속된 역할을 한달간 훈련하고, 상대팀 에이스 선수의 특징을 분석해 체력이 좋은 친구를 전담마크 시켜 압박해 전술효과를 높인 끝에 언더독이었던 우리 반이 결국 우승할 수 있었습니다. 어떤 상황에서도 최선의 전략을 세우면 높은 목표도 달성할 수 있다는 생각을 갖게 됐습니다. 상황을 탓하기보다 최선의 전략으로 성과를 내는 인재가 되겠습니다.

- SPC그룹 구매 최종합격자

SPC그룹에 최종합격한 기계공학과 학생과 상담을 진행하는 과정에서 발굴했던 소재였다. 처음 해당 소재를 활용해보자고 권유했을 때는 "고등학교 때 경험인데 괜찮은가요?" "프로젝트 경험이 아닌데 괜찮을까요?"라고 반문하기도 했었다. 하지만 경험의 시점과 관계없이 축구를 정말 좋아했던 지원자의 진심이 그대로 묻어남으로써 이야기의 차별성도, 주제의 진정성도 고스란히 드러나는 에피소드였기 때문에 적극 활용을 권장했다.

그렇게 삼성그룹을 포함해 성장과정, 가치관을 묻는 항목의 대표 사례로 활용되었을 뿐만 아니라 면접 전형에서도 천편일률적인 성과 어필을 하는 지원자들 사이에서 자신만의 색깔을 드러내는 1분 자기소개로도 활용되었다.

Q. 기억에 남는 실패 경험과 이를 통해 배운 점은 무엇인지 작성해 주세요.

중학교 2학년, 온라인 게임의 성주가 되었습니다. 당시 거상이라는 게임의 테스트 서버가 새로 오픈하였습니다. 많은 성이 있었고 성에 가장 투자를 많이 한 사람이 성주가 되었습니다. 어떻게 돈을 벌고 어디에 투자할지 생각했습니다.

먼저 유동인구가 적은 비인기 지역이지만 접근성이 좋고 생산시설이 있

  옴스잡스의 스펙을 뛰어넘는 자소서

는 등 향후 성장 가능성이 높은 곳을 목표로 정했습니다. 투자를 위한 자금 확보의 필요성이 있었고 아이템 거래의 특성을 이용했습니다. 캐릭터의 국적에 따라 특정 아이템의 구매가 제한되는 특성과 지역별로 아이템의 가격 차이가 발생하는 점에 주목했습니다. 가격 차이가 크게 나는 아이템을 중점적으로 중개하여 차익을 발생시켰습니다.

수익이 발생할 때마다 성에 투자했고, 성에서 분배되는 수익금 또한 재투자하여 약 1개월 만에 성주가 되었습니다. 지분율을 80%까지 만든 뒤 공격적인 투자를 멈추고, 현금을 보유하는 방어적인 전략을 취했습니다. 얼마 뒤 경쟁자가 나타나 지분투자를 했습니다. 경쟁자는 레어 아이템을 확보하고 가격이 오르면 파는 전략을 썼습니다. 보유 중인 자금으로 방어에 나섰지만 계속되는 공세에 결국 지분율은 역전되었습니다. 게임을 하면서 자금 확보 경로의 다양성과 지속적인 투자, 위기를 극복할 수 있는 자금 확보의 중요성을 깨달았습니다. 다양한 수익원 확보 방안을 생각하고 재무 안정성을 높이는 행원이 되겠습니다.

- 우리은행 금융일반 최종합격자

실제 우리은행 합격자의 자소서에서 발췌한 내용이다. 해당 지원자는 필자와 1년 넘게 취업을 준비했었다. 자소서에 쓸만한 소재가 부족하다는 점 때문에 많은 어려움을 겪었고, 필자는 1년 내내 인생기술서의 중요성을 강조하면서 어떤 소재든 끊임없이 탐색해서 하나라도 더 끌어내려고 노력해야 한다고 재차 강조했었다. 지원자는 도무지 기억나지 않는다며 고통을 호소했지만 중학교 시절까지 되짚어보는 과정에서 끝끝내 위의 소재를 발굴할 수 있었고, 디테일을 보완하고, 문장을 다듬어서 자소서를 완성할 수 있었다.

전형적인 사고를 하는 취준생 입장에서는 '중학교 때 경험 아니냐.' '게임 이야기를 해도 되냐.'라고 생각했겠지만 차별성을 확보함과 동시에 직무 관점까지 연결될 수 있는 더없이 좋은 소재로 활용되어 합격까지 이어질 수 있었다.

인생기술서로 인생을
잘게 해체하고, 분해하라

많은 지원자가 엑셀이나 노션 등의 툴을 활용해 자신의 주요 경험을 정리하고, STAR*과 같은 프레임워크로 활동 내용과 역할, 성과, 역량을 구조화한다. 그리고 이런 과정을 거치면 자신의 경험을 체계적으로 구조화하고, 자소서에 활용할 주요 포인트까지 충분히 정리했다고 착각하게 된다. 실상은 전혀 그렇지 않다. 이렇게 엑셀로 잘 정리된 경험 리스트가 도움이 될 것이라는 기대와는 달리, 경험 리스트가 더욱 구조화될수록 지원자 개개인의 유연한 사고와 응용의 자유는 더욱 제한될 뿐이다.

---

* STAR은 경험을 구조화하는 방법론으로 상황(Situation), 과제(Task), 행동(Action), 결과(Result)의 앞 글자를 딴 것이다.

엑셀, 노션 기반
STAR 기법은 버려라

경험 정리법과 STAR 기법의 문제는 자소서에 활용할 만한 소재를 찾기 위한 목적으로 경험 리스트를 작성하는 데서 발생한다. 대부분 지원자가 자의적인 판단으로, 연관성이 있다고 생각되는 일부 경험과 에피소드 위주로 리스트를 정리하기 때문이다. 그리고 회사의 인재상, 지원 직무와의 연관성, 핵심역량 등 연결고리가 있다고 생각되는 부분만 선별해 자소서의 소재로 활용한다. 부끄러운 과거, 실패했던 순간들은 들여다보지도 않는다. 자소서, 면접은 내가 일을 잘할 수 있는 사람임을 보여주는 게 중요한데 내 과오와 약

| 경험 리스트 작성 사례 |

No	경험명	기간	역할	주요 행동	성과	사용 역량
1	캡스톤 디자인 프로젝트	4개월	팀장	일정 관리, 역할 분담	우수상 수상	리더십, 문제해결
2	마케팅 인턴십	6개월	실무 담당	데이터 분석, 리포트 작성	CTR 15% 개선	분석력
3	학회 활동	1년	팀원	자료 조사, 발표	학회 발표	커뮤니케이션
4	공모전 참가	2개월	기획	아이디어 도출	본선 진출	창의성

　　　　　　　　　　옴스잡스의 스펙을 뛰어넘는 자소서

점을 드러내봤자 좋을 게 없다는 이유다.

결국 개별적인 에피소드들 깊숙이 내재되어 있는 다양한 주제와 가능성, 디테일은 무시당할 수밖에 없다. 애초에 '무엇을 어필해야 될 것이다'라는 관점 자체가 단편적이고, 편협한 시각에서 비롯됐기 때문에 보편적으로 돌고 도는 키워드 혹은 성과 중심적인 경험 정리를 벗어날 수 없고, 천편일률적인 주제와 키워드로만 자소서를 전개하고 탈락을 반복할 수밖에 없다.

반면 합격자들은 선입견을 갖고 경험을 고르지 않는다. 본인의 경험을 어떻게 어필할 수 있을지 겉핥기식으로 돌아보기보다는 자신의 부끄러운 과거와 약점마저도 있는 그대로 받아들이고, 깊은 성찰의 결과물을 드러냄으로써 진짜인 척하는 가짜들 사이에서 진정성 있게 본인의 가치를 전달하는 데 성공한다.

삼성그룹 계열사 공정 직무 합격자는 필자를 만나기 이전까지는 석사 과정 중도 자퇴를 무조건 드러내지 않는 게 좋겠다고 생각했었다. 하지만 인생기술서를 활용해 당시 상황을 새롭게 돌아보는 과정에서 자신이 큰 결정에 있어서 얼마나 신중하지 못했는지를 반성했고, 그래서 학기가 더 지나기 전에 빠르게 자퇴를 결정한 뒤에 본인이 정말 하고 싶었던 분야를 찾는 과정에서는 오히려 신중을 기하면서 여기까지 올 수 있었다는 진정성 있는 답변을 할 수 있었다.

29세에 CJ프레시웨이 영업 직무에 합격한 지원자는 공무원 시험을 준비하다 실패해 사기업 취업으로 전환한 사례였다. 졸업 후 공백기는 3년 10개월이 됐고, 3주 인턴을 제외하면 실무 경험도 없는 모든 악조건을 갖고 있었다. 하지만 마지막 할 말에서 "지금까지 긴 공백기 동안 부모님께 손 한 번 벌리지 않았다. 스스로 힘으로 꿋꿋하게 포기하지 않고, 노력해 이 자리까지 올 수 있었다. 시켜주시면 뭐든 꾸준하게 해낼 수 있다."라는 자신감 있는 답변으로 본인의 아킬레스건을 오히려 강점으로 승화시켰다.

지원자들 간의 차이는 차별성에서 비롯되고, 그 차별성은 바로 경험 자체가 아닌 각자만이 가진 생각의 차이에서 비롯된다. 갈수록 스펙이 상향 평준화되는 상황에서 경험 자체를 어필해봤자 나보다 더 오랜 경력이나 스펙을 가진 지원자를 만난다면 무용지물이다. 어차피 회계 인턴을 통해 키운 건 회계 직무 이해일 것이고, 연구실 활동을 통해 키운 건 끈기와 소통능력, 연구원으로서의 자세일 것이 뻔하다. 그렇기 때문에 차별화된 나만의 생각과 관점을 찾기 위해서는 표면적·명목적인 경험 정리가 아니라 경험 하나하나를 세세하게 쪼개고, 파고들어 보는 과정이 필수다.

〈흑백요리사: 요리 계급 전쟁〉 시즌 2 파이널 진출자 결정전에서는 하나의 주재료로 최후의 1인이 남을 때까지 경연을 펼치는 '무한 요리 지옥'이라는 서바이벌 미션이 진행됐다. 평소 주재료로 사용되지 않는 채소 '당근'이 주제였다. 당근은 대부분 사람이 반찬이나 사이드 디시 혹은 음식의 색감을 더하는 용도 정도로 생각한다. 하지만 안성재 셰프와 백종원 대표는 당근이 단맛, 흙의 향이 매력적일 뿐만 아니라 고구마와는 다른 슬며시 나오는 단맛과 식감 또한 매력적인 포인트를 가진 재료라며 일반인들이 보지 못하는 깊

　옴스잡스의 스펙을 뛰어넘는 자소서

은 차원의 이해를 보여준다. 이후 진행되는 미션에서 당근은 수제
비, 새우볼을 넘어서 당근 튀김, 자장면, 후식으로까지 등장해 무한
한 매력을 뽐냈다. 재료를 얼마나 깊이 탐구하고, 다양하게 해석해
봤느냐가 곧 다양한 관점, 차별화된 해석으로 이어지는 기반이다.
인생기술서는 새로운 관점으로 재료들을 바라보고, 탐색하면서 기
본 밑바탕을 다지는 취업의 출발점이다.

인생기술서로
깊숙이 세세하게 돌아보자

　　자신만의 레시피를 만들기 위해서는 나만의 재료를 찾고, 재료
들의 기능과 역할을 깊이 있게 탐구하고, 연구해 나가는 과정이 필
수다. 인생기술서 작성은 지금껏 경험을 단편적·표면적으로만 돌
아보는 과정에서 깊숙이 들여다보지 않았던 세세한 상황과 순간들
을 구석구석 새롭게 돌아보고, 들춰보기 위한 수단이다.

　　앞서 설명했듯 엑셀이나 노션 기반의 정리법, STAR 기법은 오
히려 창의적·확장적 사고를 방해하는 틀이 되기도 한다. 이제는 특
별한 기준이나 공식이나 비법에 얽매이지 말고 '나'라는 사람을 새
롭게 바라보는 데 집중해 보자. 어떤 제약이나 섣부른 판단 없이 자
유롭게 써보는 것이 핵심이다.

　　필자가 구분한 인생기술서 항목은 크게 9개로 구분된다.

| 인생기술서 항목 예시 |

[인생기술서]
성장과정
▲ 학창시절
　초등학교
　중학교
　고등학교
▲ 대학생활
　▷ 2017년
　▷ 2018년
　▷ 2019년
　▷ 2020년
　▷ 2021년
　2022년 (공무원수험)
　▷ 2023년
▲ About me
　취미와 특기
　존경하는 인물
　좋아하는 글귀
　재미있게 본 책
　재미있게 본 드라마/프로그램
　재미있게 본 영화

1 성장과정↵
2 학창시절↵
3 대학생활↵
4 연수↵
5 아르바이트↵
6 봉사활동↵
7 인턴↵

8 취미와 특기↵
9 그 외↵

　취준생 입장에서 최소한으로 돌아볼 필요가 있는 주요 내용을 항목으로 정리했다. 최소한의 기준일 뿐이다. 새로운 항목을 추가하거나 하위 항목을 추가하거나 혹은 자신만의 기준을 새롭게 정의해서 써봐도 좋다.

　우측의 항목은 스펙초월 합격자 중 한 명이 작성했던 인생기술서의 목차다. 일대기를 체계적으로 돌아보며 복기해보기 위해서 시계열 순으로 항목을 구분하고, 생각나는 경험과 디테일이 있을 때마다 시점별로 내용을 채워 넣으면서 끊임없이 자신을 탐구했다.

　　옴스잡스의 스펙을 뛰어넘는 자소서

인생기술서 작성 시 이것만은 유의하자

1) 쓸 수 있는 경험인지, 아닌지 속단하지 말 것

'이건 자소서에 쓸 만한 경험이 아니야.' '이건 별일 아니었어.' '이 경험은 협동심과 도전정신에 맞는 경험이지.' 식의 취업 중심적 사고는 배제하자. 작성 단계부터 이 경험이 쓰일 수 있을지, 어떻게 쓰일지를 고민해서는 안 된다.

지금까지 지원자들은 회사의 인재상, 핵심가치, 직무역량에서 등장하는 키워드와 연결성이 있는 에피소드를 떠올리고, 드문드문 떠오르는 경험의 파편들을 하나씩 끌어내는 식으로 자소서를 작성했을 것이다. 그래서 항상 자소서를 쓰면서도 적합한 소재가 없다는 생각이 들거나, 관련성은 있는 경험인데 깊이가 부족해 설득력이 떨어진다고 느낄 수밖에 없다. SPC 구매에 합격한 기계공학 전공자는 학부연구생 경험 대신 고등학교 시절 축구 이야기를 성장과정과 가치관을 드러내는 데 활용했고, SK하이닉스 양산기술 합격자는 초등학교 시절 즐겼던 카드 모으기 취미에서 본인만의 가치관을 찾아 자기소개를 하기도 했다.

재료가 어떻게 활용될 수 있는지에 대해 이해하지 못한 채 재료의 활용 가능성을 속단해서는 안 된다. 다양한 주제로 해석되고 활용될 수 있는 소재들을 더 찾을 수 있는데도 불구하고 지원자의 제한된 생각에 가로막혀 나오지 않는 것이다.

　　그래서 특히 공모전, 대외활동, 인턴, 연구 활동 같은 주요 경험 이외에도 학교 수업 내용, 봉사활동, 취미 등의 일상적인 활동까지 돌아보아야 한다. 대부분 취업을 위해 했던 활동보다도 오히려 각자가 순수하게 좋아서 했던 개인적 경험 속에서 자신만의 캐릭터와 가치관이 명확하게 드러나기도 하고, 면접에서 진정성 있게 본인을 세일즈할 수 있는 강력한 무기가 나오기도 한다.

2) 세세하게, 솔직하게, 적나라하게 돌아볼 것

탈락을 반복하는 자소서가 갖는 가장 보편적인 문제를 꼽으라면 하나는 깊이 없는 주제이고, 다른 하나는 '한없이 부족한 디테일'이다. 자소서에서 가장 많이 등장하는 '포기하지 않는 끈기'가 주제인 경우 대부분이 다음의 사례처럼 작성한다.

A 프로젝트를 수행 중 풀리지 않는 난관을 만났고, 다양한 시도를 해봐도 도무지 풀리지 않았고, 답답했다. 포기하고 싶었지만 그래도 끝은 보고 싶었고, 그래서 한 번 더 마음을 다잡고, 일주일 동안 밤을 새면서 논문을 분석한 끝에 결국 결과를 낼 수 있었다.

　　의욕이 앞서면 글쓰기의 간단한 본질조차도 놓치게 된다. 내가 끈기 있는 사람임을 보여주고 싶었다면 '얼마나 많은 시도를 해봤고, 어떤 것까지 해봤는데도 안 됐고, 그래서 어떤 논문들을 얼마나 봤는지'까지 구체적으로 서술해야 된다. 포기만 안 했다고, 마음을 다 잡았다고 해서 뭘 얼마나 어떻게 끈기 있게 했는지는 알 수 없다. 인생기술서를 쓸 때부터 상황 자체를 세세하게 복기해보는 데 집중했다면 위와 같은 의욕만 앞선 껍데기 자소서를 쓸 가능성도 낮았을 것이다.

그럼 세세하게 행동 하나하나를 나열하면 되는가? 거기서 멈춰서도 안 된다. 나보다 좋은 스펙을 가진 이들은 항상 넘쳐나고, 누구나 열심히, 부지런히 최선을 다했다는 사실을 잊어서는 안 된다. AI의 확산으로 천편일률적인 기준과 스펙이 아니라 자신만의 색깔과 생각을 가진 이들의 가치가 올라가고 있다. 면접의 핵심 트렌드도 '인성'과 '생각의 깊이'다. 즉, 그럴듯하게 어필할 수 있는 경험을 찾아서 어떻게 포장할 것인지를 고민하는 것이 아니라 내가 어떤 사람인지를 경험 속에서 포착할 수 있도록 적나라하게 순간순간을 세밀하게 복기할 수 있어야 한다. 좋은 점을 찾는 것이 아니라 좋은 부분, 나쁜 부분, 약한 부분, 숨겼던 부분들도 들여다보고, 그 경험이 나한테 어떤 의미가 있었는지까지 돌아봐야 한다.

3) 비판적인 시각으로 성찰해볼 것

이 부분이 '변수(정량·사고력)'를 창출할 수 있는 인생기술서의 킥(결정적인 비법)이다. 내가 애초에 부족한 스펙, 부족한 경험, 부족한 태도간을 갖고 과거에 임했다면 인생기술서로 과거를 돌아봤을 때 남는 것은 좌절밖에 없고, 2회차 인생을 다시 살거나 뒤늦게 스펙과 경험을 다시 쌓아야만 취업이 가능할 것이다. 삼성SDI 영업마케팅에 합격한 한국외대 글로벌캠퍼스 아프리카어 전공자는 인턴이나 실무 경험 하나 없었고, LG에너지솔루션 R&D 합격자는 석사 졸업과 함께 추가적인 스펙 보완 없이 2년 동안 취업 준비를 지속하면서 2년의 공백기만 늘어난 상태였다. 내가 살아온 과거와 경험은 그대로지만 '사고'는 끊임없이 진화할 수 있다. 결과가 없었던 경험에서도 얻을 수 있는 게 있고, 눈에 보이는 성과와 뿌듯함은 있었어도 정작 그 경험이 진정한 내적 성장에 도움이 되지 않았을 수도 있다. 정확한 메타인지는 정확한 문제 개선과 올바른 가치관, 행동원칙 정립으로 이어진다. 본인의 문제를 마주하지 않는다면 취업력의 변수가 마이너스로 작용할 것이다.

진솔한 회고와 복기가
차별화된 재료 확보의 시작

[사례1] 끈기 있게 목표를 달성했던 재수 경험

고등학교 시절 저는 솔직히 공부에 큰 흥미도, 위기감도 느끼지 못했던 학생이었습니다. 주변 친구들이 성적에 민감해질 때도 저는 '어차피 다 비슷하게 가는 거 아니야?'라는 생각을 했던 것 같습니다. 시험을 망쳐도 크게 낙담하지 않았고, 성적이 오르지 않아도 심각하게 고민하지 않았습니다. 그 결과 원하는 대학에는 합격하지 못했고, 재수를 하게 되었습니다.

재수를 시작하면서 처음 느꼈던 감정은 막막함이었습니다. 하루 종일 책상에 앉아 있어야 한다는 사실 자체가 부담이었고, 이미 대학생이 된

친구들과 점점 대화 주제도 달라지는 것 같아 괜히 위축되기도 했습니다. 그래도 '이번에도 안 되면 정말 답이 없을 것 같다'는 생각이 들어 버텨야겠다고 마음먹었습니다.

이전과 달리 학원 수업을 빠지지 않고 듣고, 하루 공부량을 정해놓고 지키려고 노력했습니다. 집중이 잘 안 되는 날도 많았지만, 그래도 포기하지 않고 계속 앉아 있으려고 했습니다. 그렇게 시간을 보내다 보니 점점 성적이 오르기 시작했고, 결과적으로 목표했던 대학에 합격할 수 있었습니다. 합격 소식을 들었을 때 그동안의 고생이 떠오르며 '그래도 나는 결국 해냈구나'라는 생각이 들었고, 스스로 꽤 대견하게 느껴졌습니다.

 **옴스's 피드백**

- 상황, 감정, 행동의 디테일이 많이 부족하다 보니 자신이 어떤 사람인지에 대해서 확인할 수 있는 대목이 없습니다. 또 비판적 사고 없이 나는 처음에 힘들었지만 뒤늦게 자극 받아서 꾸준하게 공부했고, 결국 성적 오르면서 뿌듯함에 느꼈다는 만족감에서 멈춰버립니다. 시작도 전부터 '끈기 있게 목표를 달성했던 재수 경험'이라는 주제를 설정한 것도 문제입니다. 이미 생각을 키워드에 고정시켜 놓고 의도적으로 경험을 복기한 것이기 때문입니다.

- 나는 당시에 왜 그렇게 안일한 생각을 갖고 있었는지, 분명 주변 친구들과 자신의 상황이 대비됐었을 텐데 성적이 오르

옴스잡스의 스펙을 뛰어넘는 자소서

지 않아도 왜 심각성을 느끼지 않았는지, 친구들과 어떻게 대화 주제가 달라졌는지, 그때 기분은 어땠는지, 자존심이 상했는지, 재미가 없었는지, 그래서 어떤 결심이 섰는지 등에 대해 더 생각해봤어야 합니다.

[사례2] 도전적이었던 대학 생활

ⓐ 저는 대학에 입학하면서부터 이것저것 해보는 학교생활을 하고 싶다고 생각했습니다. 그래서 1학년 때 중앙동아리였던 기획동아리에 가입했고, 2학년 때는 전공 학회와 봉사 동아리에도 동시에 참여했습니다. 처음 동아리에 들어갔을 때는 선배들 사이에서 적극적으로 나서기보다는 주어진 역할을 잘 해내는 데 집중했습니다.

ⓑ 기획동아리에서는 카드뉴스 제작팀에 배정되어 주로 자료 조사와 초안 정리를 맡았습니다. 처음에는 회의에서 의견을 내는 것도 조심스러웠지만, 몇 번 자료를 정리해 공유하면서 점점 신뢰를 얻게 되었고, 이후에는 소규모 프로젝트에서 일정 관리 역할도 맡게 되었습니다. 발표를 직접 맡은 적도 있었는데, 그때는 사람들 앞에 서는 것 자체가 부담되어 발표 전날 거의 잠을 못 잤던 기억이 납니다.

ⓒ 2학년 때는 전공 학회에서 학회장 보조 역할을 맡아 세미나 일정 정리와 신입 부원 관리 업무를 했습니다. 일이 많아 학기 중에는 체력적으로 힘들기도 했지만, 그래도 중간에 그만두지 않고 끝까지 맡은 역할을 해냈다는 점에서 스스로 만족스러웠습니다. 봉사동아리에서는 주말마

옴스's 피드백

- ⓐ 진짜 동기가 무엇이었는지, 어떤 생각으로 각 동아리와 학회, 봉사에 참여하려고 했던 건지, 왜 적극적으로 안 나섰는지 알 수 없습니다. 본인이 적극적이었다는 보여주고 싶은 모습과 키워드에만 집중한 잘못된 경험 복기입니다.

- ⓑ 왜 그렇게 조심스러웠는지, 무슨 자료를 공유했다는 건지, 일정 관리를 그래서 어떻게 잘 했는지 알 수 없습니다. 본인이 처음엔 못했지만 점점 노력했고, 신뢰를 얻었다는 보여줄 만한 구체적 행동이나 근거는 없고, 그저 '노력했고 신뢰를 얻었다'는 결과적 표현만 있습니다.

- ⓒ 힘들었지만 해냈다, 봉사에도 꾸준히 참여했다라는 부분에만 서술되어 있고, 일정 및 부원 관리는 어떻게 했는지, 얼마나 힘들었고, 왜 꾸준히 참여했는지까지는 알 수 없습니다.

- ⓒ 비판적 사고를 기반으로 경험 속에서 본인이 어떤 사람이고, 진짜 배운 게 무엇인지를 돌아본 것이 아니라 자기만족, 스스로 해낸 것들에 대한 자기 평가와 어필할 수 있는 키워드 도출로 끝나 솔직한 회고를 완전하게 해내지 못했습니다.

[사례3] 연구기관 신문 정리

난 연구원 RA로서 내 역할을 '연구의 속도 높이기'로 설정했음. 이때 연구원 본부장님 신문 정리를 아침마다 했었는데, 신문을 그냥 일자로만 정리하는 게 매뉴얼이었음. 근데 본부장님께서 워낙 바쁘셔서 신문이 보통 그대로였음(안 읽었다는 뜻). 본부장님 거의 매일 외부 강의를 하시는데 혹시 오늘의 현안 파악 못 하고 가셨다가 질문에 대답 잘 못 하면 어떡하지 걱정함. (지금 생각하면 좀 오지랖이긴 한 듯) 그리고 연구원 자체가 회원사들이 수출 시장에서 겪는 리스크/기회를 분석하고 회원사 입장에서 어떻게 대응할 수 있는지+정부는 이들을 어떻게 도와줘야 하는지 고민하는 기관인 만큼 매일매일의 이슈 팔로우를 하는 것이 중요하다 생각함. 요즘처럼 정세가 불안정한 상황에서는 더더욱. 그래서 본부장님 신문이 혹시 장식용인지 파악해야겠다 생각했고, 회의를 진행하시는 메인 데스크에 신문이 있으면 걸리적거리기 때문에 빼는 것을 선호하셨음. + 안 읽으시는 신문(문화일보)은 처음부터 빼놓으라고 하셨음. 나머지는 읽는다는 뜻으로 받아들임. 그러면 빨리 볼 수 있는 방법을 생각하다 헤드라인만 보고 신문을 선택할 수 있게 해드려야겠다 하

옴스's 피드백

- 구체적인 상황, 당시 생각, 그에 따른 행동의 과정이 잘 드러납니다. 어떤 사람인지(예를 들어 오지랖 있는 사람)도 명확하게 보입니다(성격의 장점, 나만의 강점 등으로 연결될 수 있는 포인트).
- '문제상황을 해결했고, 원장님이 신문을 더 잘 보게 됐다. 모든 1차 자료조사도 내가 맡게 됐다'라는 결과를 통해 알 수 없는 지원자가 문제를 인식하는 태도와 방식, 해결책을 제안하게 된 사고 과정까지 잘 보입니다(자소서에서 문제해결능력을 보여줄 때 그대로 활용 가능).

스펙초월 합격자가 작성한 인생기술서 일부를 그대로 가져온

사례다. 인생기술서는 상황 하나하나를 솔직하고, 진솔하게, 구체적
으로 돌아보는 것 자체가 목적인 만큼 형식에 구애받을 필요는 없
다. 오히려 형식적으로 경험을 정제하고, 키워드랑 연결하려고 할
수록 솔직한 감정과 생각은 나오지 않고, 피상적인 수준의 경험 정
리가 반복되는 경향이 높다. 자신만의 스타일로 나를 가장 잘 돌아
볼 수 있는 형태와 방식으로 자유롭게 인생기술서를 써보자.

[사례4] 고등학교 토론동아리

나는 상대의 발제문을 듣고 질문하는 역할을 주로 맡았는데, 여기서 나
의 역할은 대회라는 특성상 내 주장을 강화하고 상대 근거를 부숴서 주
장을 무력화시키는 역할을 해야 했다. 그래서 상대방이 발제하는 내용,
답변하는 내용을 메모하고 짧은 시간 안에 주장의 허점을 찾는 게 중요
했다. 물론 아주 새로운 근거를 들고 나올 경우에는 순발력으로 대처하
는 게 필요했지만 보통은 모두가 아는 근거를 들고 나오기 때문에 미리
상대편 근거로 나올 수 있는 리스트를 쭉 뽑아서 뭐가 문제인지를 분석
해서 갔기 때문에 크게 어렵지는 않았다. 그리고 상대방의 말을 잘 듣다
보면 당황한 나머지 이전에 했던 맥락과 다른 말을 할 때가 있는데 그때
를 공략한다면 논리를 무너뜨리기 쉬웠다.
어쨌든 부산 1위라는 타이틀을 달고, 서울에서 전국권 대회에 출전했는
데 나름대로 준비를 열심히 했음에도 불구하고 대패했다. 스코어가 하
도 충격적이어서 지금도 기억이 나는데 9:1이었다. 내가 보기에 1점도

그냥 예의상 주신 것 같고… 정리하자면 모든 면에서 패했다는 점이었
다. 억울한 게 없는 것은 아니었다. 심사위원님의 평가 중에 우리 팀이
너무 세게 말한다는 피드백이 있었는데, 끝나고 나와서 팀원 모두가 입
을 모아서 '이렇게 부드럽게 말했는데 대체 어디가 세게 말했다는 걸까?'
라는 불만을 토로하기도 했다. 사투리 때문에 세게 들리기도 했을 것이
고, 무작정 방어해야 한다는 점에 경도된 나머지 하나도 인정하려고 하
지 않고 '우리 말이 쨌든 맞아~' 이런 태도가 그렇게 비춰졌을 것 같았다.
그리고 서울 팀은 정말 준비성이 철저했고 부산 1등 팀이라는 영광만 믿
고 올라온 것 같아서 되게 부끄러웠다. 근거에 대한 통계를 정리해 온 시
각 자료는 물론 진짜 처음 들어보는 철학자들의 의견도 제시하면서 다
양한 스펙트럼으로 근거를 구성했다. 솔직히 뭔 내용인지 알아듣지를
못해서 반박도 못 했다. 아마 그래서 '어투가 세기만 하다'는 평가를 받
았던 것 같다. 허무하게 패하긴 했지만 친구들이랑 학교 빼먹고 서울에
서 놀면서 숙소에서 배스킨라빈스도 퍼먹고 설렁탕도 먹고 재미있는 경
험이었다. 그치만 역시 나는 우물 안 개구리였구나, 우리보다 뛰어난 사
람이 정말 많구나라는 생각을 하면서 함부로 내가 대단하다는 평가를
내리지 않게 된 계기가 되었다.

- 토론 동아리 활동에서 얻은 토론 관련 스킬들은 무엇이었는
  지, 전국권 대회에 출전해서 패배한 상황과 당시 패배의 원

옴스잡스의 스펙을 뛰어넘는 자소서

인, 솔직한 심정까지 잘 복기한 인생기술서 사례입니다(삶을 대하는 태도, 업무/소통에 있어서 중요한 것이 무엇인지에 해당하는 지원자만의 생각을 정리해볼 수 있는 에피소드).

의식의 흐름 기법도 음슴체도 좋다! 자기만의 스타일로 돌아보자

인생기술서 작성 단계에서는 각 재료들을 어떻게 해석하고 활용할지 고민하지 않는 것이 핵심이다. 즉, 최대한 당시의 상황, 지식, 경험, 감정과 기분까지 세세하게 있는 그대로 돌아봐야 한다. 실제로 자소서에는 드러나지 않거나 추상적인 단어로만 표현되던 지원자의 철학이나 가치관, 교훈 등이 인생기술서에서는 자연스럽고 구체적으로 드러나는 경우가 많다. 취업이라는 목적에 얽매이지 않고, 인생을 회고하고 자신만의 재료를 찾겠다는 목표에 집중할수록 개개인이 가진 본연의 색깔은 더 잘 드러난다.

열정, 소통, 적극성, 책임감, 도전정신 같은 어색한 키워드들로 기억을 포장하지 말자. "지는 것 같은 기분이 들었다. 패배자로 낙인찍히고 싶지 않았다."라고 할 수도 있고, "어떻게든 지지 않기 위해 안간힘 썼던 지난날이 부끄러웠다. 처음으로 지는 게 이기는 것이라는 말을 이해하게 되었다."처럼 자신만의 생각이 자연스럽게 드러날 수 있도록 의식의 흐름 기법을 활용할 수도 있다. '음슴체'

를 활용하는 것도 좋다. 최대한 가공되지 않은 날것 그대로의 생각을 끌어낼 수 있는 편안한 방법들을 활용하자.

전공에 대해서도 깊이 고민해보자

전공은 반드시 깊이 있게 고민해야 되는 부분 중 하나다. 자신의 전공이 지원 분야와 큰 관련성이 없다는 이유로 전공을 평가절하하거나 언급하기를 꺼리는 지원자가 많다. 아무리 주전공과 현재의 관심 분야가 달라졌다고 한들 주전공의 의미를 스스로 설명할 수 없다는 것은 관련성을 떠나 졸업장을 따기 위한 목적만으로 수년 동안의 시간을 낭비했다는 의미가 된다.

"콘텐츠 미디어를 전공했는데 왜 영업을 선택했는가?" "영어영문학을 전공했는데 왜 인사를 하고 싶어하는가?" "교육학을 전공하다가 갑자기 재무회계를 하게 된 이유는 무엇인가?"와 같이 전공과 지원 분야가 다른 지원자들은 무조건 마주하게 되는 질문들이다. 게다가 최근에는 "왜 화학공학/화학/생물/생명공학/전기전자/기계를 전공했는가?" "전공 선택 전의 기대와 실제 공부하면서 느낀 차이는 무엇인가?" "무엇이 제일 재밌었는가?" "어떤 부분이 잘 맞았는가?"와 같이 지원자가 어떤 기준을 갖고 살아왔는지를 묻는 질문들도 많이 등장한다.

준비 방향성은 명확하다. 모든 학문, 전공은 각각의 목적과 의의를 갖는다. 설령 전공 선택 이유와 실제 전공 수업을 들었을 때의 생각이 다르고, 전공이 좋든 싫었든 그 의미와 의의를 이해하고 있다면 그 자체로 채용 담당자들에게 좋은 평가를 받을 수 있다. 어떤 일이든 본인의 선호나 재미에 따라 쉽게 포기하지 않고, 열심히 할 수 있는 사람임을 보여줄 수 있는 척도가 될 수도 있다. 비록 지원 직무와 연관성은 떨어지더라도, 자신 있게 자신이 배운 학문의 가치와 의의를 있는 그대로 설명할 수 있도록 준비해야 하는 이유다. 전공과 지원 분야가 일치한다고 해도 다를 건 없다. 수많은 동일 전공 경쟁자들 사이에서 '전공에 대한 깊은 이해'를 보여줄 수 있다면 그 자체로 엄청난 차별점을 만들 수 있다.

예를 들어 문헌정보학은 정보화 시대에 필수적인 학문이다. 천문학적인 정보들이 세상에 쏟아지는 21세기에는 효과적으로 정보를 분류·저장·관리할 수 있는 능력이 곧 경쟁력이다. 조직 내부의 지식과 정보들이 직원들 간에 효율적인 방식으로 활발히 공유될 수 있도록 하는 데도 문헌정보학이 기여할 수 있는 부분이 있다.

신문방송학과는 미디어만을 연구하는 학문은 아니다. 현대에 등장한 각종 미디어의 특성에 대한 이해, 효과적인 메시지 구성과 효율적인 의사전달 방법을 연구하고, 대중과의 커뮤니케이션을 공부하는 학문이다. 새롭게 등장하고 있는 다양한 미디어 및 디지털 기기를 통해 대중과 소비자를 효율적으로 설득하기 위한 방법을 고민할 수 있다.

여기서는 전공의 의미에 대해서만 풀어보았지만, 학문을 구성하는 세부 전공 과목들과 거기서 배우는 개념들을 깊이 탐구함으로써 주전공의 가치를 납득시킬 수 있는 강력한 힘을 가질 수 있다. 네이버 사전, 대학교 학과 소개 페이지, 학부 커리큘럼, 각종 필기 자료들까지 뒤지면서 정리해보자. 시간을 들여 전공에 대한 이해가 깊어질수록, 자신의 가치를 더 설득력 있게 증명할 수 있을 것이다.

같은 재료도 다르게 조리해 먹을 수 있다

재료를 한 번 조리하는 것만으로는 끝이 아니다. 우리는 여기서 한 번 더 사고를 확장해야 한다. 재료라는 것은 단 하나의 요리를 위해 사용되지 않는다. 재료를 어떻게 조리하고 해석하느냐에 따라 같은 소재도 다양한 주제에서 다른 방식으로 활용되고 전개될 수 있다. 앞서 언급했지만 STAR 기법 혹은 '○○ 알바 경험은 적극성과 책임감이야.' '○○ 인턴은 실무 경험과 이해야.' '○○ 교환학생은 글로벌 마인드와 문화적 포용력이지.' 등과 같이 재료 사용의 범위와 용도를 일찍부터 제한하는 각주구검식 자세는 버리자.

무일푼으로 1석3조의 효과를 만들다

벤처동아리 회장을 맡았을 당시 동아리는 특별한 프로그램도, 내부 자금도 없는 열악한 상황이었습니다. 그런데 당시 유럽에서 있었던 폭스바겐의 보물찾기 이벤트를 보며, 대학교 축제 때 대학생들을 대상으로 기업의 제품이나 서비스를 홍보해주는 보물찾기 행사를 연다면 '기업으로부터 광고비를 받아 돈 한 푼 없이 기업과 학생 모두를 즐겁게 만들고, 동아리의 정체성까지 알릴 수 있는 일석삼조'가 될 수 있지 않을까 생각했습니다. (하략)

벼는 익을수록 고개를 숙인다

자신의 의견을 강력하게 관철시킬 수 있는 개인의 뛰어난 역량이 조직 생활에서 무엇보다 중요하다고 오해했던 적이 있습니다. 벤처동아리 회장 활동 당시 '진로 보물찾기' 홍보 프로젝트를 150만 원의 이익을 남기면서 프로젝트를 성공적으로 마무리 지었다고 생각했지만 행사 진행 당시 부원들은 행사 준비에만 차출되는 과정에서 불만을 갖고 있었다는 걸 뒤풀이 과정에서 알게 됐습니다. (하략)

동일한 소재를 활용해 작성한 다른 두 자소서 내용이다. 보물찾기라는 동일한 소재를 활용했지만 확연히 다른 주제로 이야기를 전개하고 있다. 어떤 관점에서 소재를 바라볼 것인가, 그리고 어떤 메시지를 전하고 싶은가에 따라 주제와 흐름이 모두 달라질 수 있다.

맛이 어떨지는 고민하지 말자. 새로운 조리법을 떠올리는 자체만으로도 여러분은 훌륭한 요리사가 될 수 있는 잠재력을 갖춘 것이다. 상상 속의 조리법을 더욱 정교하게 만들고, 생각했던 맛을 만들기 위한 방법은 5장에서 자소서 작성법 3원칙을 통해 하나씩 살펴볼 예정이다. 지금 당장은 평범한 재료들을 신선한 시각으로 바라보고 창의적인 조리법을 떠올려보는 것만으로 충분하다. 절대로 하나의 소재를 한두 개의 특정 주제로 한정 지어 'Ctrl+C'와 'Ctrl+V'를 반복하는 우를 범하지 말자.

소재 하나하나를 가벼이 여기고 넘기지 말자. 그리고 어떤 관점으로 재료를 바라보고, 재해석하느냐에 따라 그 의미가 현저히 달라질 수 있다는 사실을 꼭 명심하자. 물론 재료를 재해석하는 과정이 결코 쉽지는 않을 것이다. 얼마나 시간을 쏟을 것인가, 얼마나 다양하게 고민해볼 것인가, 그게 바로 진심으로 깊이를 더하고자 노력한 지원자들과 미봉책으로 빠른 길로 가는 데만 집중하는 지원자 간의 격차를 만들 것이다. 인생기술서를 작성하고 자신만의 생각노트를 만들어가는 과정에서 창의적이고 새로운 생각을 마구 던져보자.

성장과정은 도전정신,
진로 확인용이 아니다

성장과정은 지원자의 가치관과 인생 철학을 드러냄으로써 자기만의 색깔을 드러낼 수 있는 자소서 항목이다. 그뿐만 아니라 성장과정은 1분 자기소개, 생활신조 등 다른 지원자와 구분되는 자기만의 차별점을 보여줘야 하는 상황에서 범용적으로 활용될 수 있다는 점에서도 중요도가 매우 높다. 하지만 지원자들은 단편적인 노력을 도전정신으로 포장하거나 직무역량 항목에서도 이야기할 수 있는 진로 선택 이유나 직무 관련 경험을 의미 없이 성장과정 항목에 쏟아내고 있다.

'성장과정'으로 읽고,
'아버지 뭐하시노'를 쓴다

실패를 두려워 않는 도전정신

어려서부터 하고 싶은 일들을 직접 정하고, 실행에 옮길 수 있도록 뒤에서 격려해주시는 부모님 밑에서 자랐습니다. 또한 실패를 통해 교훈을 배울 수 있다며 항상 새로운 도전을 하도록 격려해주셨고, 덕분에 저는 다양한 경험을 즐기고 직접 부딪혀가면서 배우는 도전정신을 갖춰나갈 수 있었습니다.

- 유한킴벌리 지원자

삶은 도전과 배움의 연속이다

부모님께서는 "삶은 도전과 배움의 연속이다."라는 말씀을 하시며 다양한 것을 경험하라고 하셨습니다. 부모님의 말씀을 새겨들으며, 학교 단원들과 단합하고 다른 학교 단원들과 새로운 유대관계를 형성해 나가면서 조직 간 소통의 중요성을 배우도록 노력했습니다. 도전과 배움의 정신은 대학교에 입학하고 나서도 이어졌습니다.

- 롯데자산개발 지원자

  옴스잡스의 스펙을 뛰어넘는 자소서

성장과정 항목을 작성하는 시점만 되면 모든 이들에게 부모님은 이 세상에서 가장 존경하는 대상이 되며, 인생의 지지자이자 버팀목으로 어김없이 등장한다. 혹은 넘치는 열정과 패기로 낯선 것들에 끊임없이 부딪히며 도전정신을 키워왔다는 청소년 성장드라마를 연상케 하는 자소서들도 심각하게 많다. 최근에는 지원한 분야와 관련된 경험으로 관심을 어필함과 동시에 부자연스럽게 자연스러운 관심이 생겼음을 강조하는 패턴도 자주 등장하고 있다.

전형적인 주제, 작위적인 키워드 사용과 연결고리 제시로는 진정성도 설득력도 얻기 힘들다. 성장과정은 멋지게 나를 포장하는 법을 고민하는 질문도, 관련성을 어필하는 항목도 아니다. 보통 하나의 경험이나 에피소드를 통해서는 확인하기 어려운 지원자의 내면 깊숙이 뿌리내린 삶의 태도, 철학, 가치관, 행동양식 등을 보여줄 수 있는 항목이다.

본인의 성장 과정을 간략히 기술하되 현재의 자신에게 가장 큰 영향을 끼친 사건, 인물 등을 포함하여 기술하시기 바랍니다.

제품디자이너에서 UX 디자이너로
산업디자인을 전공하면서 '소비자의 마음을 움직일 수 있는 제품은 무엇일까' 고민하던 중 UX 수업을 들을 기회가 생겼습니다. UX 수업에서 처음 접한 방법론을 통해 사용자에 대해 이해하며 가설을 세우고 검증하는 과정들을 배웠습니다. 배운 내용을 제품기획에 적용하는 과정에서, '올바른 관점과 체계적인 방법을 제시해주는' UX 디자인이 좋은 제품을 만드는 데 필요하다고 느끼게 되었습니다.

첫 프로젝트, 그리고 깨달음
대학교 3학년 무렵 UX를 제대로 공부하고 싶다는 갈증이 커졌고 그때 UX 공부를 위한 첫 도전은 'S활동'으로 이어지게 됩니다. S사 대외활동에서 UX 파트로 활동하며 그 당시 첫 산학으로 모바일 APP 프로젝트 'F&S'의 기획부터 디자인까지 담당했습니다. 음식 사진을 입력받아, 매칭 알고리즘을 통해 음식에 어울리는 와인을 추천해주는 UI 디자인과 모바일을 넘어 키오스크, 태블릿 등 각 제품군에 확장되는 시나리오를 기획했으며 UX 라이팅을 담당했었습니다. (하략)

- 삼성전자DX 인터랙션디자인 지원자

초반부에서 지원분야와 관련된 수업을 수강하면서 UX 기본 개념을 학습하면서 중요성을 알게 됐음을 서술하고 있다. 하지만 말 그대로 기본 개념을 익혔다는 것을 제시하고 있을 뿐이며 구체적으로 어디에 어떻게 적용해보면서 UX의 가치를 깨닫게 됐다는 것인지 알 수 없다. 두 번째 문단에서는 그 이후에 참여했던 활동을 제시하고 있다. 이후 어떤 활동들을 했는지에 대한 내용들이 서술되

 옴스잡스의 스펙을 뛰어넘는 자소서

고 있다.

어떤 큰 영향을 어떻게 받았다는 것인지 알 수 없고, 지원한 분야와 관련된 이력이 있다는 것만 제시되어 있을 뿐 지원자가 삶을 대하는 태도나 철학, 가치관은커녕 디자이너로서의 철학이 무엇인지조차도 확인할 수 있는 내용이 보이지 않는다. 성장과정은 본인의 이력 소개 혹은 감상과 소회를 밝히는 항목이 아니다. 뚜렷한 자신만의 관점이 드러나지 않는다는 것은 본인이 지향하는 삶의 방향성이 없다는 의미와 같다.

본인의 성장과정을 간략히 기술하되 현재의 자신에게 가장 큰 영향을 끼친 사건, 인물 등을 포함하여 기술하시기 바랍니다.

바닥부터, 대학 진학을 고민할 만큼 학업과는 먼 학생에서 대학교 4학년 4.0의 성적으로 2등을 달성하고, 이후 대학원에 진학하여 석사 학위까지 취득하였습니다.
대학 진학을 고민할 만큼 학업과는 거리가 먼 학생이었습니다. 군 복학 후, 학생으로서, 성인으로서 저 자신을 책임지기 위해 우수한 학점을 받고 수석을 목표로 공부했습니다.
모르는 부분은 성적이 우수한 선후배에게 찾아가 묻기도 하였고, 지도교수님의 연구실 청소를 하며 이해할 때까지 질문을 반복하기도 하였습니다. 때로는 교재 전체를 외우기도 하며, 기숙사 동기들이 매일 같이 새

부족함을 극복하기 위해 열심히 노력했고, 그 과정에서 자신감을 얻은 실제 사례이니 괜찮은 주제라고 생각할 수도 있다. 하지만 정량적으로 비교 당할 수밖에 없는 사례라는 점, 그리고 주제 자체가 일차원적이고, 단편적이라는 문제가 있다.

뒤늦게 열심히 하면서 성적을 올렸다는 점은 칭찬할 만할 수도 있겠지만 일찍이 중고등학교 시절부터 인고의 과정을 거쳐서 더 나은 출발점에서 더 다양하고, 질적으로 좋은 경험을 쌓아온 경쟁자들이 있다면 내 노력의 의미는 퇴색될 수밖에 없다. 학생의 본업인 공부에 뒤늦게 최선을 다했다는 것 자체는 아무리 강조해봐도 채용 담당자에게 별 감흥도 줄 수 없다. 같은 맥락에서 갈수록 고스펙 지원자들이 넘치는 마당에 여러 경험을 통해 도전해 왔다는 어필도 큰 의미가 없다.

본인의 성장과정을 간략히 기술하되 현재의 자신에게 가장 큰 영향을 끼친 사건, 인물 등을 포함하여 기술하시기 바랍니다.

열심히 '방황'했습니다

어려서부터 호기심이 많고, 하고 싶은 것도 많았습니다. 대학에서도 총학생회, 서비스 기획, 프로그래밍, 교환학생, 인공지능 학부 연구생 등 다양한 활동에 도전했습니다. 이런 경험들은 작은 다양한 가르침을 주었지만, 어느 순간 방향성 있게 살고 있는지 의문이 들었습니다. 저의 호기심과 도전력은 깊이를 더하기보다 새로운 것을 좇는 데만 사용되고 있었습니다. 스스로 변화가 필요하다고 생각했고, 3달간의 학생 상담 프로그램에 참여했습니다. 과거를 돌아보며 저의 나약한 부분까지 깊이 들여다보니, 저는 새로운 공부에 대한 호기심과 실행력을 강점으로 가지지만, 어려움이나 지루함이 지속되면 다른 관심사로 눈을 돌리는 회피 성향도 있음을 발견했습니다. 어느샌가 "스스로 자신 없는 상황에 대한 회피를 줄이고, 앞으로는 이걸 극복해 내는 도전을 해야 할 것 같아요."라는 대답을 내뱉게 되었습니다. 진정한 도전을 위해서는 명확한 내적 동기를 통해 순간적인 감정이나 결과에 일희일비하지 않고, 꾸준히 깊이를 더하는 과정이 필요함을 깨달았습니다.

꾸준히 '방향'을 잡았습니다

무궁무진한 아이디어를 현실화하는 프로그래밍에 흥미를 느꼈던 것에 비해서, '어려워서', '잘할 수 있을지 자신이 없어서' 깊게 나아가지 못했던 공부를 다시 제대로 해보고 싶다는 생각이 들었습니다. 그렇게 지원한 서버 개발 인턴십을 1년 6개월 동안 지속하며 꾸준함을 위한 관점과 태도를 배워나갔습니다. 예를 들어, FastAPI를 활용한 파이프 제조 공정 자동화 프로젝트를 맡은 적이 있었습니다. 내부 개발을 마치고 외부 시스템 연동 및 현장 테스트 과정에 들어가면서, 반복적인 코드 분석과 기획 수정, 성능 개선, 문서 작업이 이어졌습니다. 개발 초기의 역동적인 작업과 달리 루즈하게 느껴지기도 했습니다. 하지만 이런 상황에 흥미를 잃어가기보다는 현재 상황에서 작게라도 새롭게 도전하고 배워갈 수 있는 요소를 찾기로 노력했습니다. (하략)

- 삼성SDI IT 최종합격자

'나는 다양한 경험을 했고, 도전했다'는 포장에 집중하는 지원자들과 달리 도전을 회피하고 있던 본인을 마주했던 상황을 고백하면서 진정한 도전을 위해서는 회피를 멈춰야 함을 깨달았던 일화를 통해서 지원자가 어떤 삶의 가치관을 지향하게 되었는지를 설득력 있게 보여주고 있다. 뒤이어지는 문단에서는 이후 바뀐 삶의 태도를 어떻게 업무 상황에서 적용하려고 노력했는지를 한 번 더 구체적으로 진술하게 풀어낸다. 다양한 경험과 활동을 했던 지원자였던 만큼 자신을 도전적인 인재로 포장할 수도 있었지만 날것 그대로의 상황과 생각을 드러냄으로써 전형적인 소재로 차별화된 삶의 태도를 설득하는 성장과정을 완성했다.

옴스잡스의 스펙을 뛰어넘는 자소서

철학과 가치관이라는 줄기에 경험이라는 살을 붙여라

다음은 스티브 잡스가 2005년 스탠퍼드대학교 졸업식에서 했던 연설문의 일부다.

You can't connect the dots looking forward. You can only connect them looking backwards. So you have to trust that the dots will somehow connect in your future. ⓐ None of this had even a hope of any practical application in my life. This approach has never let me down and it has made all the difference in my life. ⓑ I decided to drop out and trust that it would all work out OK. The minute I dropped out,

I could stop taking the required classes that didn't interest
me and begin dropping in on the ones that looked far more
interesting. ⓒ I didn't see it then, but it turned out that
getting fired from Apple was the best thing that could have
ever happened to me. The heaviness of being successful
was replaced by the lightness of being a beginner again,
less sure about everything. It freed me to enter one of the
most creative periods in my life.

위의 연설문을 보면 ⓑ와 ⓒ라는 구체적인 경험을 바탕으로 ⓐ
라는 스티브 잡스만의 인생 철학을 설득력 있게 풀어내고 있다.

스티브 잡스는 전 세계인의 존경 대상이었다. 모두가 그의 화려
하고 멋진 모습만 기억하는 것과 달리, 그는 태어나자마자 노동계
층 양부모에게 입양되어 넉넉지 못한 가정환경 속에서 힘들게 자랐
다. 학비 때문에 대학교를 6개월 만에 자퇴하기도 했다. 하지만 그
는 자퇴를 "one of the best decisions I ever made"라고 표현했
다. 자퇴를 하고 나니 흥미 없던 필수과목들을 듣느라 시간을 허비
하지 않고, 관심 있고 재미있어 보이는 과목들을 도강할 수 있었다
고 말했다. 방이 없어 친구네 집 방바닥에서 자고, 빈 병을 팔아 끼
니를 때우기도 했지만 자퇴를 했기 때문에 좋아하는 것을 좇을 수
있었다고 회고했다.

그는 그렇게 자퇴 후 도강으로 수학하며 심취했던 서체학 덕분

에 훗날 매킨토시만의 서체 기능을 갖출 수 있었다고 했다. 자신이 10년 동안 키워온 애플사에서 해고당해 크게 좌절하기도 했지만, 오히려 그 덕분에 성공에 대한 중압감에서 벗어났다고도 했다. 초심자의 가벼운 마음으로 돌아가 자기가 정말 하고 싶었던 일을 찾았고, 그렇게 세계 최초의 3D 애니메이션 〈토이 스토리〉를 제작한 픽사를 창업할 수 있었다고 회고했다. 그는 연설을 통해 스스로에 대한 확신과 신념을 갖고, 좋아하는 일을 좇는다면 그 과정에서 만나는 숱한 우여곡절과 어려움이 훗날 하나의 선으로 연결되어 자신만의 차별점이 된다는 철학을 강조했다.

그리고 그에 맞는 실제 에피소드들을 보여줌으로써 젊은이들에게 자신이 갖고 있는 삶의 방향성과 가치를 고스란히 전달할 수 있었다. 다시 말해 도강한 수업을 통해 쌓은 지식, 자신이 만든 애플사어서 쫓겨난 스토리 등 구체적인 경험을 제시함으로써 "내가 하는 일에 확신을 갖는다면 모든 것이 연결될 것"이라는 인생 철학과 자신이 생각하는 중요한 가치를 설득했다는 의미다. 이것이 바로 성장과정 항목의 모범답안이다.

과거와 현재를 잇는 연결고리이자 나의 긴 인생을 관통하는 줄기를 찾자. 이렇게 던져진 가치관과 철학에 실제 경험과 사례를 덧붙임으로써 그 가치관과 철학이 진짜임을 설득하자. 성장과정 항목 작성을 위한 팁을 정리해본다.

경험을 활용한 진솔한 도입부,
복수의 소재로 성장의 과정을 보여줘라

사람마다 중요하게 생각하는 가치는 다를 수밖에 없고, 이 같은 가치관이나 철학은 각자만의 의미 있는 경험을 통해서 형성된다. 일화를 활용한 도입부는 자소서의 진정성과 설득력을 높일 뿐만 아니라 자연스럽게 차별성도 얻는다.

다음은 사소한 소재를 활용해 진정성과 설득력 모두 충족시킨 삼성SDI 영업마케팅 합격자의 성장과정이다.

본인의 성장과정을 간략히 기술하되 현재의 자신에게 가장 큰 영향을 끼친 사건, 인물 등을 포함하여 기술하시기 바랍니다. (1500)

서로의 부족한 부분을 보완하는 팀

중고등학생 시절, 팀 프로젝트는 마냥 따분하고 귀찮은 활동이라고 생각했습니다. 그러다 대학교 1학년, 남아프리카 개론 수업에서 '보츠와나'를 주제로 동기와 팀 프로젝트를 하게 되었습니다. 동기와 사회/경제로 파트를 나눠 각자 자료조사와 PPT를 제작하고, 발표 전 서로의 결과물을 확인해 보니 동기의 자료가 폰트, 내용, 구성 모든 면에서 제 자료보다 뛰어났습니다. 처음엔 동기보다 한참 부족한 저의 실력에 충격받았지만, 이내 동기의 발표 자료를 참고하여 제 분량의 PPT를 전면 수정한

옴스잡스의 스펙을 뛰어넘는 자소서

결과 교수님으로부터 깔끔한 PPT 구성을 칭찬받을 수 있었습니다. 이를 계기로 서로의 부족한 부분을 보완하며 성장하는 팀의 가치를 알 수 있었고, 이왕이면 내가 먼저 공백을 메워가는 사람이 되어야겠다고 다짐했습니다.

동료의 부담을 줄인 교육용 매뉴얼

호프집 서빙 아르바이트로 근무 당시, 잦은 아르바이트생 입/퇴사로 인해 기존 아르바이트생이 신규 입사자 교육을 담당하는 경우가 빈번했습니다. 문제는 교육에 하루 이상이 할애되면서, 기존 인력이 교육으로 빠져 업무가 마비된다는 점이었습니다. 당시 저는 퇴사를 앞둔 상황이었기에, 제가 퇴사한 빈자리의 공백과 교육의 부담이 기존 동료들에게 전가되지 않길 바라는 마음에 교육용 매뉴얼을 작성하기로 했습니다. 먼저 매뉴얼 정독만으로 아르바이트 체계를 익힐 수 있도록 결제, 서빙 방법 등 기초 교육 내용을 메모장에 작성했습니다. 또한 매뉴얼 작성의 목표가 '기존 아르바이트생의 구두 교육 최소화'였기 때문에 신규 입사생이 평균적으로 어려워했던 맥주 따르는 법, 가스통 교체 방법도 추가로 작성했습니다. 약 2주간 퇴근 시간을 할애해 매뉴얼을 작성하였고, 퇴사 전날 가장 신임하던 동료와 사장님께 매뉴얼을 전달했습니다. 그 결과, 신규직원의 질문 가짓수가 줄어 이전보다 업무에 집중할 수 있다는 동료의 인사를 들을 수 있었습니다.

포스트잇으로 지킨 소중한 10분

영어학원 조교 근무 당시, 원생들의 단어시험 관리·감독 및 채점 업무를 맡았습니다. 그러나 오전/오후/저녁 타임으로 순환 근무를 하면서 이전 근무자가 어디까지 업무를 했는지 알 수가 없어 매번 출근 후 노트북을 보며 해야 할 업무를 정리하느라 정신이 없었습니다. 다른 근무자도 나와 똑같은 불편함을 겪겠다는 생각에, 다음 근무자를 위해 지금까지 해놓은 업무를 포스트잇에 적기 시작했습니다. 어디까지 단어시험지를 출력했는지, 앞으로 어떤 수업만 챙기면 되는지, 근무 도중 선생님으로부터 온 메시지는 뭐가 있는지 간결하게 작성해서 퇴근 전 노트북 위에 붙여두었습니다. 진행 상황을 공유해 업무 흐름이 원활하게 흘러가도록 하려는 목적도 있었지만, 저의 1분이 다음 근무자의 10분을 아껴줄 수 있다는 마음에서 비롯된 작은 배려심이었습니다. 또한 저의 모습을 본 다른 근무자도 포스트잇을 작성하기 시작하면서 긍정적인 선순환 효과를 낳을 수 있었습니다.

삼성SDI에서도 팀의 공백이 무엇인지 고민하고, 메우는 사람이 되겠습니다.

- 삼성SDI 영업마케팅 최종합격자

성장과정 작성 시 유념해야 할 부분 중 하나는 성장 '과정'이라는 것이다. 지원자가 제시한 삶의 가치, 철학, 방향성을 '과정을 통해' 보여줘야 한다는 뜻이다. 하나의 단편적인 경험이나 사례로 서술된 내용은 '생활신조' 혹은 '기억에 남는 일화'에 불과하다. 삼성 SDI 합격자의 경우 삼성의 성장과정이 1,500자라는 점을 감안해

 옴스잡스의 스펙을 뛰어넘는 자소서

서 첫 번째 소재에서는 본인의 가치관, 철학이 형성된 계기를 소개하고, 2개의 소재를 추가로 활용해서 이후에 어떻게 먼저 공백을 메우려는 사람으로 성장했는지를 구체적인 에피소드를 통해서 보여주고 있다.

두괄식으로 경험적 성과를 제시하거나 마무리 부분에서 본인이 얻은 교훈과 깨달음, 그리고 이를 어떻게 지원한 회사, 직무에 접목시킬 것인지를 장황하게 서술하지 않아도 상관없다. 결국 지원자가 어던 사람인지에 대한 판단은 '구체적인 상황 속 지원자의 생각과 행동' 자체를 통해서 이뤄진다. 나만의 생각과 주제를 가장 잘 드러낼 수 있는 소재와 전개에만 신경 쓰면 된다.

개개인이 중요하게 생각하는 가치, 추구하는 삶의 철학은 다를 수박에 없고, 그 철학이나 가치관은 그 자체만으로도 충분히 의미있다. 자소서, 취업이라는 정형화된 틀은 잠시 던져두고 각자 갖고 있는 생각을 자유롭게 분출해보자. 그리고 자신이 겪어온 지난날의 경험을 하나씩 돌이켜보며 자연스럽게 살을 붙여보자.

'지피지기 백전불태', 적을 알고 나를 알면 백 번 싸워도 지지 않는다는 대한민국 사람들이라면 누구나 알고 있는 고전 문구다. 상대의 마음을 얻기 위해서는 상대방을 철저하고, 면밀하게 분석하는 것이 핵심이다. 여기서 철저하고, 면밀한 분석이란 겉으로 보이는 모습을 넘어선 내면 깊숙이 은밀한 곳에 숨겨진 상대방만이 가진 본원적·내재적 가치를 찾고, 파헤치는 것을 의미한다. 연애 초짜들은 차분한 분석과 섬세한 전략을 짜기보다는 어떻게든 본인의 마음을 드러내고, 자기가 괜찮은 사람임을 호소하느라 바쁘다. 연애의 고수들은 남들이 보지 못했던 상대방의 본연의 매력에 집중한다. 차분하게 내가 아닌 온전히 상대방에게 집중한 고백으로 상대방의 마음을 얻는다. 그 어디에도 나에 대한 이야기는 존재하지 않는다.

3장

회사를
제대로 이해하라

아리스토텔레스의 목적론(Teleology)은 만물은 태어날 때부터 내재적인 목적 (telos)을 갖고 있으며, 모든 변화와 운동은 특정 목적을 향해 나아간다는 철학적 관점을 제시한다. 산업과 사업도 그렇다. 모든 산업과 사업은 존재의 목적이 있고, 시대와 흐름이 끊임없이 변화하는 와중에도 본래의 존재 목적은 흔들리지 않는다. 무언가를 좋아하기 위해서도, 무언가를 잘 해내기 위해서도 출발점은 대상의 존재 목적을 이해하는 것에서 시작된다.

지원동기는 상대방을 향한 진심 어린 고백이다

지원동기에는 산업과 기업에 대한 깊은 이해와 자신만의 관점이 필수다. 외모만 보고 금방 사랑에 빠지는 껍데기들이 아니라면 산업·기업에 대해 하나라도 더 깊이 알아보려고 했을 것이고, 그 과정에서 분명 각자만이 발견한 매력 포인트가 있을 수밖에 없지 않았겠는가. 과거 방영됐던 tvN 드라마 〈또! 오해영〉에서 극 중 박수경과 오해영이 나눈 대화 내용을 살펴보자.

오해영 입에 불려 먹어요. 맥주도 배부른데 안주도 배부르게 먹을 수 없잖아요.

박수경 외식업계 종사자면 외식업계 종사자답게 안주를 고르는 데도 품격이 있어!

오해영 먹는 거 갖고 유난 떠는 거 별로예요. 음식으로 자기 밸류를 높이는 거 유치해 보여요. 그냥 자연스러운 거 아니에요, 먹는 건? 배고프면 맛있고, 배부르면 맛없고….

박수경 색다른 음식, 맛있는 음식 나오기만을 기다리는 사람들 많아. 일반 사람들이 먹는 거 말고 즐거운 일이 뭐 있어. 전용기 타고 해외여행을 갈 거야, 맘껏 쇼핑을 할 거야, 떼돈을 벌 거야, 뭘 할 거야. 먹는 거보다 더 싸게 먹히면서 만족도 높은 게 있어? 맛있는 음식보다 더 위로되는 게 있어?

박수경과 오해영은 같은 외식 프랜차이즈 회사에서 근무하고 있는 직장 상사와 부하 직원의 관계다. 잘 씹히지 않는 마른오징어를 입에 넣어 불려 먹고 있는 오해영에게 박수경이 "안주를 고르는 데도 품격이 있다!"라며 일침을 가한다. 새롭고 맛있는 음식은 설렘이고, 작은 소비로 위로도 받고 높은 만족을 누릴 수 있는 수단이며, 이는 특별한 것 없는 서민들의 삶에서 특별한 이벤트가 될 수 있다는 음식에 대한 자신의 철학을 전하고 있다.

박수경의 대사가 오버스럽다고 생각될지도 모르겠지만, 음식이 단순히 일차원적인 배고픔을 해결하는 수단에 불과하다는 오해영보다 훨씬 깊은 진심을 갖고 있다는 사실을 누구도 부정할 수 없다. 드라마라고는 하지만 극 중 박수경이 왜 이사까지 올라갈 수 있었는지 알 수 있는 대목이다. 감정의 크기가 아니라 산업·기업을 바

  옴스잡스의 스펙을 뛰어넘는 자소서

라보는 관점의 크기가 이 일을 좋아하는지 확인할 수 있는 명확한 척도 그 자체다.

최신 뉴스의 나열, 억지스런 연결보다 진심 어린 내 생각이 필요하다

CJ제일제당과 해당 직무에 지원한 동기는 무엇인가요?

소통이 무엇인지 알려준 곳

CJ제일제당은 닭고기 육수 베이스를 쓰는 중국인의 특징에 맞는 제품 전략으로 중국인들의 입맛을 사로잡았고, 비비고만두를 앞세워 미국 내 냉동만두 시장점유율 1위를 달성하며 서양인들의 입맛까지 사로잡았습니다. 이처럼 CJ제일제당은 한국 음식의 세계화를 국내뿐만 아니라 세계인들과의 진정한 소통을 통해 한국의 맛을 전파하는 기업이기에 지원했습니다. (하략)

- CJ제일제당 지원자

많은 지원자가 회사가 이룬 성과와 강점을 풀어내는 것이 지원 동기가 될 수 있다고 생각한다. 하지만 위에 작성된 내용은 말 그대로 CJ제일제당이 실행하고, 달성하고 있는 주요 사업의 일부를 잘 정리해서 언급한 것일 뿐 '그래서 왜 세계인과 진정한 소통을 하고 싶다는 것인지', '그게 왜 CJ제일제당이어야 되는지'에 대한 이유는 찾아볼 수 없다. 막말로, 회사를 SK하이닉스로 바꿔 "SK하이닉스는 AI 시대 도래에 발맞춰 맞춤형 HBM을 개발했고, 글로벌 메모리 시장 1위를 달성하면서 전 세계를 사로잡았다. 그래서 지원했다."라고 하는 것과 다를 게 없다. 누구나 알고 있는 사실을 제시한 것일 뿐 '이 일을 하고 싶은 본인만의 기준과 이유'가 어디에도 없는 영혼 없는 지원동기다.

기아를 지원한 동기 및 기아에서 일원으로서 이루고 싶은 목표를 서술해 주십시오. (500자)

어릴 적부터 유난히 차 안에서의 경험이 특별하다고 느꼈던 제게, 지금까지도 드라이브는 스트레스를 푸는 수단입니다. 자동차에 대해 가졌던 단순한 관심은 학회 활동을 통해 북미 자동차 시장에 대해 분석하는 경험으로 이어졌습니다. 이후 국내 자동차사의 해외 시장 진출 전략 프로젝트를 진행하며 큰 희열과 보람을 느꼈고, 성장성이 큰 글로벌 시장에서 신차 론칭과 판매를 주도해 보고 싶다는 목표를 갖게 되었습니다. (하략)

옴스잡스의 스펙을 뛰어넘는 자소서

관련된 경험으로 지원동기를 풀어내는 유형의 지원동기다. 드라이브가 취미라고 해서 뽑을 이유는 없고, 자취하면서 햇반을 즐겨 먹었다는 사실만으로 채용할 이유도 없다. 어릴 적 어떤 특별한 경험이 있었는지도 알 수 없거니와 국내 자동차사의 해외 진출 프로젝트를 보면서 어떤 희열과 보람을 느낀 것인지 알 수 없는 상황에서 북받친 감정만을 보고, 고백을 받아줄 기업은 없다.

본인이 회사를 선택함에 있어 중요시 여기는 가치와 현대제철이 왜 그 가치와 부합하는지 본인의 의견을 서술하여 주십시오. (600)

국내 전반을 아우르는 사회적 가치를 창출하는가

철강 산업은 우리가 꿈꿔온 미래를 건설하는 일입니다. @가볍고 강도 높은 철강의 개발 덕분에 전기차의 긴 주행거리가 확보될 수 있었고, 차세대 소재 개발은 온도, 전자파와 유해 물질 등 극한 환경 속에서도 재료의 변형 없는 구조 유지에 기여했습니다. 그러나 우리나라 철강 수입 비중은 2022년 기준 30%를 상회한 수준이며, 이는 국내 제품생산량 저하뿐 아니라 국내 철강업계 및 수요 전반의 기반을 무너뜨리는 만큼 기술의 국산화가 절실합니다.

현대제철은 중국산 H형강 내수 시장 잠식률 30% 속에서 SHN, SD500S/600S, SHN460 등의 H형강을 개발하며 고층 건물에 적합한 내진/내화 기술을 국산화했습니다. 또한 천연가스의 수요 증가 가운

ⓐ 부분에서는 회사 선택 기준으로 '국내 전반을 아우르는 사회적 가치'를 제시하고, 철강이 어떻게 우리 삶 전반에 가치를 창출하는지 구체적인 근거를 제시함으로써 지원자가 철강 산업을 어떻게 바라보고 있는지 관점의 깊이를 여실히 보여줬다. ⓑ 부분에서는 '현대제철이 위기에 처한 대한민국의 산업 전반을 구할 구원투수라는 점에 매료되었다'는 지원자의 관점을 구체적인 근거(중국산 H형강 내수 시장~, 국내 LNG 저장탱크 산업의 활성화에 기여~)와 함께 제시함으로써 철강 산업 중에서도 현대제철을 선택한 이유까지 확실하게 납득시키고 있다.

철강과 자신을 연결할 만한 개연성 있는 에피소드가 있는 지원자가 과연 있기나 할까? 애초에 그런 걸 찾을 필요가 없다. 상대방을 알면 알수록 좋아져서 하는 것이 진짜 고백이지 취향과 취미가 맞닿아 있다는 이유만으로 맹목적인 관심을 호소하는 것은 거짓 고백

     옴스잡스의 스펙을 뛰어넘는 자소서

이다.

　〈또! 오해영〉 속 박수경의 말을 다시 한번 짚어보자. 그녀는 특정 회사에 대한 정보, 사실에 대한 언급 없이 음식에 대한 생각을 밝히는 것만으로도 음식에 대한 진심을 상대방에게 전할 수 있었다. 검색을 통해 수집했던 정보와 지원자만의 주관적인 해석 또는 생각을 결합하면 논리적으로 구성이 완벽한 지원동기를 작성할 수 있다. 세계 최고의 기술력, 제품, 세계화와 같은 뻔한 껍데기 대신 상대방에 대한 주관과 진심이 가득 담긴 지원동기를 작성해보자.

확실한 고백을 위해서는 산업·기업으로 접근한다

상대방에 대한 깊은 이해, 그리고 그 과정에서 느낀 주관적인 매력. 이 두 가지가 지원동기의 핵심이라는 사실은 알겠다. 그런데 이것만으로는 부족하다. 두 지원동기를 살펴보자.

한화오션에 지원하게 된 동기

전 세계적으로 유례없는 친환경 선박 수요의 증가, 고부가가치 선종인 LNGC의 끝없는 시리즈 발주 등에 힘입어 조선해양 산업은 폭발적으로

옴스잡스의 스펙을 뛰어넘는 자소서

성장하고 있습니다. 앞으로도 에너지의 중요성이 더욱 가속화될 것으로 전망되는 만큼 LNGC는 더욱 단단한 수요를 확보하고 성장할 수 있는 사업이 될 것입니다. 그중에서도 끊임없는 혁신과 도전으로 이 시장을 선도하고 있는 한화오션은 제가 추구하고 있는 성장지향 정신과 맞닿아 있다는 점에서 확신을 갖고 지원하게 됐습니다. (하략)

삼성을 지원한 이유와 입사 후 회사에서 이루고 싶은 꿈 (700)

전 세계적으로 유례없는 AI 시장의 폭발적 성장으로 HBM의 수요가 폭발적으로 늘면서 메모리 반도체 시장의 끝없는 성장이 기대되고 있습니다. 앞으로도 AI 시장의 발전은 더욱 가속화될 것으로 전망되는 만큼 차세대 메모리 시장도 끝없는 혁신이 이어질 것입니다. 그중에서도 끊임없는 혁신과 도전으로 이 시장을 선도하고 있는 삼성전자는 제가 추구하고 있는 성장지향 정신과 맞닿아 있다는 점에서 확신을 갖고 지원하게 됐습니다.

그럴듯하게 보이는가? 하지만 성장하고 있어서 지원했다면 한화오션 대신 현대중공업이나 삼성중공업을 써도 되고, 혁신하는 모습이 인상적이었다고 한다면 굳이 삼성전자일 필요도 없이 현재

HBM메모리 시장에서 압도적인 점유율을 갖고 있는 SK하이닉스에 지원하면 된다. 어느 산업에나 적용될 수 있고, 대부분 회사가 갖고 있는 일반적인 특징을 기반으로 자소서를 작성했을 때 직면하는 문제다.

특히 현재 시장 환경이 우호적이지 않거나 각종 규제에 직면하고 있는 산업군의 회사에 지원하는 경우라면 더더욱 회사에 매력을 느껴서 지원했다는 논리가 설득력을 얻기 힘들다. 끊임없는 가격 경쟁에 직면하고 있는 물류산업, 지속적인 카드수수료 인하 압박을 받으며 성장 정체를 겪고 있는 카드사, 중국 업체의 맹추격에 가격과 품질 측면에서 경쟁력을 잃어가고 있는 디스플레이 산업도 마찬가지다. 굳이 전망 좋은 산업군을 두고 갖가지 위기와 어려움에 직면하고 있는 회사에 지원한 이유가 무엇인가 하는 질문에 맞닥뜨리게 된다. 실제로 롯데케미칼 임원면접에서는 면접자들에게 "석유화학산업은 사양산업 아니냐? 좋은 산업들 많은데 왜 지원했나?"라는 질문을 대놓고 하기도 한다.

변하지 않는 본원적 가치로 지원동기를 설계하자

고백을 받는 기업 입장에서는 왜 굳이 나여야만 하는지 명확한 이유가 필요하다. 이런 질문들을 정면으로 돌파할 수 있는 명쾌한

옴스잡스의 스펙을 뛰어넘는 자소서

방법이 있다. 바로 해당 회사가 속한 산업 및 사업 분야만이 갖고 있는 변하지 않는 본원적 가치에 집중해서 지원동기를 풀어내는 것이다. 현재 산업의 객관적인 매력도, 성장성, 수익성 여부를 떠나서 해당 산업에 대한 주관적인 관심을 먼저 드러낸다면 '왜 이 업종인가' 하는 난감한 질문들에 명쾌한 답변을 제시할 수 있다.

- 멀티터치 디스플레이의 등장은 스마트폰 사용성의 혁신적 개선과 태블릿 보편화를 이끌며 전자기기 사용 방식을 혁신적으로 바꿨다. 게다가 플렉서블 OLED 기술의 발전은 폴더폰, 플립폰 등장의 토대가 되면서 사용자들은 이전에 누릴 수 없었던 경험적 가치와 즐거움을 즐긴다. 앞으로 micro-OLED 기술은 AR 기기 발전에, 차량 전면 유리 전체 폭을 활용하는 파노라믹 비전 HUD는 이동수단의 공간적 가치를 극대화하는 핵심적인 기능을 담당할 것이다.
- 신용카드는 단순한 유형의 결제 수단이 아니다. 신용카드는 카드이용고객, 가맹사업자들에게 신용을 공여함으로써 카드사용자에게는 구매력을 확대하고, 유연한 소비를 가능케 하며 가맹사업자에게는 결제 시스템의 운영 부담과 리스크는 낮추면서도 신규회원의 방문을 이끄는 소비와 매출 확대라는 선순환을 이끌어 내는 매력적인 비즈니스다. 게다가 타 업종에서 따라올 수 없는 연간 10억 건씩 쌓이는 풍부한 결제 데이터는 더욱 정교한 상품/프로모션 기획의 토대가 될 수 있다는 점도 매력적이다.

위와 같이 해당 산업군만이 갖고 있는 본원적 가치에 집중해서 관심을 풀어낸다면 규모도 훨씬 크고, 전망 긍정적인 산업을 제쳐 두고, 디스플레이 또는 카드 산업에 관심을 갖게 된 이유를 분명하게 전달할 수 있다. 그다음 동종업계 내에서도 왜 특정 회사를 선택했는지를 덧붙여주면 지원동기의 기본적인 구성은 완성된다.

옴스잡스의 스펙을 뛰어넘는 자소서

다른 금융업이 아닌 은행업에서 이룰 수 있는 가치를 중심으로
은행업 선택 이유를 제시하고, 그중에서도 우리은행이 가장 변화에
적극적인 모습이 인상적이었다는 지원자의 주관을 구체적인 근거
를 활용해 설득함으로써 산업부터 시작해 기업으로 이어지는 탄탄
한 지원동기를 완성한 사례다.

자소서를 작성할 때부터 이렇게 준비하면 면접 대비까지 한번
에 가능하다. 면접에 가면 항상 '왜 굳이 유통업인가, 보험업인가,
방산업인가'를 집요하게 묻고, '왜 경쟁사가 아닌 우리 회사인가'를
끈질기게 물어본다. 당연히 더 성장성 있고, 혁신적인 산업과 기업
이 존재하는 와중에 우리를 선택했는지 뽑는 입장에서는 확인하고
싶을 수밖에 없다. 고백을 받는 입장에서 생각해보면 당연히 묻고
싶은 질문들이다.

세메스를 지원한 이유와 입사 후 회사에서 이루고 싶은 꿈 기술 (700)

산업을 이끄는 Blue Wave, SEMES와 함께 하고 싶습니다.
반도체는 전류를 제어해 세상을 디지털화함으로써 손쉬운 측정, 연산,
저장이 가능한 시대를 열었고, 앱을 활용한 금융거래, 스마트 팩토리 등
정보화, 지능화를 촉진하여 우리 삶에 새로운 가치를 만들어 가고 있습
니다. 하지만 아무리 좋은 기술과 생각만으로는 반도체를 만들 수 없습

니다. 물리적인 장비 없이는 그 어떤 제품도 발전되고 소비될 수 없다는
점에서 장비산업은 진심으로 없어서는 안 되는 매력적인 산업입니다.
세메스는 반도체/디스플레이의 핵심 장비를 생산하는 회사로 K-반도체
의 혁신을 이뤄내는 중요한 역할을 한다고 생각합니다. 현재 대한민국
은 반도체 기술 및 제조 강국이지만, 이러한 기술과 제조를 서포트하는
장비 업계는 미국, 일본, 네덜란드 회사인 상황입니다. 이에 세메스는 세
정, 에치, 포토 트랙 장비를 중심으로 성장 중이며 반도체 장비 국산화에
크게 기여하는 회사입니다. 고객의 만족, 국가의 상생과 발전을 생각하
며 미래를 고민하기에 함께 그 에너지를 받아 더 나은 미래를 만들어 가
고 싶습니다.
입사 후, 양산 설계를 집중적으로 담당해보고 싶습니다. 결국 개발된 설
비가 일정한 품질로 출하되어, 추후 반도체 생산에 문제없이 제 역할을
하는 것이 중요하기 때문입니다. 따라서 국내는 물론 해외 반도체 시장
에서도 인정받는 장비를 양산하는 설계 엔지니어가 되겠습니다.

- 세메스 기구개발 서류합격자

종합반도체 기업이 아닌 장비사에 대한 관심을 산업에 대한 이
해 중심으로 잘 풀어냈다. 또한 더 뛰어난 기술력을 가진 경쟁사들
이 아닌 세메스를 선택한 이유 또한 두 번째 문단에서 잘 드러냈다.
규모로만 따지면 해외 장비사들을 지원했을 수도 있겠지만 대한민
국 대표 장비사 세메스에서 국가의 상생과 발전이라는 큰 목표와

뜻을 달성하고 싶다는 지원자의 포부와 의지가 느껴진다.

　지원자들은 항상 규모가 작은 산업군, 기업군을 지원할 때 막막함을 느낀다. 반도체 장비사보다는 종합반도체 기업이, 자동차 부품사보다는 완성차 제조업이 매력적으로 보일 수밖에 없기 때문이다. 하지만 각 산업, 사업, 기업만이 가진 본연의 가치와 매력에 집중해 본다면 어떤 기업이든 지원동기의 실마리를 찾을 수 있다.

분석이 아닌 정확한 이해가
고백의 첫걸음

이제 산업과 기업에 대한 관심을 하나로 풀어내는 것의 중요성은 충분히 납득할 수 있을 것이다. 그럼에도 불구하고 많은 지원자가 막막함을 느낀다. 갈수록 취업이 어려워지면서 특정 산업만 무작정 노리는 게 무의미해지고, 그래서 지원할 산업과 기업을 늘리다 보니 물리적으로 부담이 늘어난다. 본래 관심 있었던 산업이야 어찌어찌 공부하다 보면 되겠지만 한 번도 깊이 생각해본 적 없는 산업군을 어디서부터 어디까지 분석해야 하는지 도무지 감을 잡지 못하는 상황을 자주 목격하게 된다. 특히 한 주에도 3~4개 이상의 자소서를 제출해야 하는 집중 채용 시즌이 되면 지원자들의 고민은 더욱 깊어진다. 먼저, 어쩔 수 없이 최소한의 시간 투입이 필요하다

옴스잡스의 스펙을 뛰어넘는 자소서

는 점은 받아들여야 한다. 그다음은 올바른 산업·기업 이해가 무엇이고, 무엇을 이해해야 지원동기, 입사 후 포부의 방향성을 잡을 수 있는지를 파악해 시간을 효율적으로 쓰는 게 중요하다.

산업·기업 분석에 많은 시간을 할애해도 지원동기를 쓰려고 하면 멘붕에 빠졌던 이유는 간단하다. 각종 전문 자료나 보고서, 통계 자료를 찾아 정리하는 데 집중했기 때문이다. 일반적으로 각종 자료와 수치를 활용한 산업·기업 분석은 현재 시장의 동향과 특정 회사의 상황과 전략 등을 파악하는 과정이고, 분석을 통해서 앞으로 여기서 무엇을 해야 할지에 대한 방향성을 도출할 수 있게 된다. 물론 분석은 반드시 필요한 과정이기는 하지만 이는 '내가 이 산업·기업에서 일하고 싶은 이유'를 납득시키고 난 다음의 이야기다. 왜 굳이 다른 사람이 아니라 나를 만나고 싶은지 이유가 납득되지 않는 상태라면 만남 이후의 번지르르한 계획은 무의미하다. 꼭 나를 만나고 싶은 이유도 명확하지 않은 상대방이 준비한 계획에 맞장구를 쳐줄 사람은 없다.

산업·기업 분석을 한답시고 방대한 양의 정보를 수집하고, 수치적 분석에 불필요한 시간을 쏟기보다는 산업 생리와 본질, 즉 산업의 가치와 중요성, 그리고 지원한 기업만이 갖고 있는 고유한 특성과 매력에 대한 이해를 높이는 데 먼저 집중해야 하는 이유다.

산업을 이해하는 목적은 결국 지원하고 싶은 회사가 영위하는 비즈니스만의 특성과 매력을 파악하고, 공감함으로써 이 사업을 하고 싶은 이유를 스스로 납득해보기 위함이다. 여기서 놓쳐서는 안 되는 부분 중 하나가 산업을 크게만 봐서는 안 되고, 한 번 더 분해해서 보는 게 중요하다는 점이다.

예를 들어 '유통업에 관심을 갖고 백화점을 지원하게 됐다'라고 한다면 '그럼 편의점을 가도 되지 않나?'라는 공격을 받을 수 있고, '방산에 관심을 갖고 현대로템에 지원했다'라고 한다면 '미사일 및 유도무기 만드는 LIG넥스원 써도 되지 않나?'라는 공격을 받게 된다. 그렇기 때문에 '유통' 산업을 공부해서 유통업 자체에 대한 이해도와 관심도를 높이고, 유통 산업의 세부 업태들인 대형마트, 백화점, 편의점, 이커머스, 전문숍 등 업태별 특성과 매력을 한 번 더 따로 학습해야 더욱 날카롭고, 설득력 있는 지원동기를 완성할 수 있게 된다. '방산'이라면 '방산'을 공부한 뒤 하위 분류인 '전차', '장갑차', '미사일 및 유도무기', '발사체' 등 각기 다른 무기체계들을 따로 공부해보면 된다.

은행권 취업을 준비한다면 금융권 내에서 은행과 증권사의 차이, 은행 내에서도 시중은행과 저축은행, 수협·신협·농협·새마을금고 같은 협동조합 성격을 가진 상호금융기관과 조합과의 차이점을 파악하는 것도 중요하다. 이 외에도 카드사, 리스금융, 캐피털 사업 간의 차이, 제약과 바이오, 바이오의약품 개발과 위탁생산의 차이, 화장품 산업 내 소재·제조·브랜드·유통은 어떤 차이가 있는지도 공부해야 한다.

유사 산업 간의 차이, 업태별 차이도 구분하지 못한다면 "많은 관심이 있다"는 말도 거짓말처럼 들릴 수밖에 없다. 명심하자. 산업의 본질을 제대로 이해해야만 산업·기업 분석을 시작할 수 있고, 그제야 각종 수치와 분석 및 통계자료도 의미가 생기는 것이다.

다른 회사가 아닌
당사에 지원한 이유

산업과 사업에 대한 관심을 풀었다면 마지막으로 '동일 산업군 내의 경쟁사가 아닌 당사에 지원한 이유'를 찾는 과정이 남았다. 왜 반드시 필요한 흐름인지부터 생각해보자.

A 난 요리를 잘하는 사람이 너무 멋있더라고!

B 요리 잘하는 사람들은 나 말고도 많아.

…

A 난 포기하지 않고 끝까지 도전하는 사람이 좋아!

B 대부분 다 그렇게 성공하지. 나만 그렇지는 않아.

…

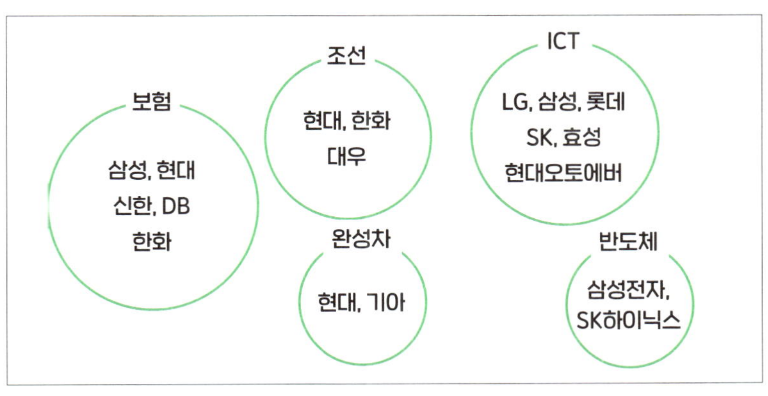

내 입장에서 충분히 마음을 표현했다고 고백이 아니다. 듣는 입장에서 납득이 되고, 감동이 느껴져야 진짜 고백이다.

"난 최강록 셰프의 겸손함이 너무 멋있어. 흑백요리사 시즌 2에서 우승을 차지했지만 자신은 곳곳에 숨어 요리하는 수많은 요리사분과 같은 일을 하는 사람 중 한 명이고, 자만하지 않겠다는 소감을 밝히는 모습에서 돈과 명예가 아니라 순수하게 요리를 좇는 진심이 느껴졌어. 우승에 대한 욕심이 아니라 더 맛있는 요리, 누구도 따라올 수 없는 순수한 열정과 진심이 모든 심사위원, 셰프들에게 뜨거운 울림을 줄 수 있었다고 생각해."

세상에는 수많은 요리와 수많은 요리사가 존재한다. 모든 사람은 각자만의 색깔이 있듯 등장하는 모든 요리사도 각자의 개성이 있다. "음식은 수행이며 음식을 하는 사람의 생각이 바뀌면 행복하고 건강한 요리를 하게 되고, 먹는 사람도 행복해지고, 사회와 자연 모두가 행복해질 수 있다."라는 선재스님의 음식 철학에서 단순히 배를 채우는 걸 넘어서 자연과 사람까지 고려하는 포용적 관점을 느낄 수 있다. 시종일관 자신의 요리에 자신감을 보였던 요리괴물, 그의 자신감은 과장이 아니었다. 실력과 결과로 뒷받침된 확신이었다. "제한된 상황에서 팍팍 해내는 게 재밌다."라며 제한된 시간 속에서 치러지는 고강도 미션을 즐기며 완성도를 놓치지 않는 태도는, 진정한 프로의 기준이 무엇인지 보여주기에 충분했다. 거기에 60년 가까운 세월 동안 단 한 순간도 요리를 손에서 놓지 않았던 후덕죽 셰프, 후배의 도발도 여유롭게 웃어넘기는 관용과 팀 미션에서 나이 어린 팀원의 지시와 요청에도 군소리 하나 없이 묵묵하게 소스를 버무리는 모습에서 겸손이 무엇인지, 장인정신이 무엇인지 몸소 보였다.

흑백요리사에는 정점을 찍은 수많은 요리사가 등장하지만 각자의 고유한 성격이나 스타일은 분명히 다르다. "옴스님, 카드사들 간의 차이를 잘 모르겠어요." "2차전지 회사들의 전략이 다 비슷해 보여요."라는 말이 아쉬운 이유도 여기에 있다. 이는 상대를 충분히 탐구하지 않았다는 신호로 들릴 수밖에 없다. 보통 탈락을 반복하는 지원자들의 고백에는 크게 두 가지 공통점이 있다. 충분히 깊이 생각해보지 않고 눈에 보이는 것만 칭찬하는 고백, 본인만의 기준 없이 누구나 할 수 있는 수준에서의 고백이다.

옴스잡스의 스펙을 뛰어넘는 자소서

[Bad case] AI 시대를 혁신하는 삼성전자

AI 시대가 도래하며 반도체 시장이 폭발적으로 성장하고 있습니다. 글로벌 고객사들은 더욱 빠르고, 효율적인 데이터 처리를 위해 고성능 메모리를 필요로 하고 있으며 이에 따라 초미세 반도체 경쟁력을 가진 삼성전자의 중요성이 높아질 것입니다.

삼성전자는 메모리, 시스템 반도체, 파운드리를 아우르는 종합반도체 기업으로써 설계부터 제조, 패키징까지 이어지는 턴키 솔루션을 제공하는 국내 유일 기업입니다. 또한 끊임없는 R&D 투자와 기술혁신을 기반으로 1c 기반 HBM4 양산 준비를 가장 먼저 마쳤을 뿐만 아니라 차세대 저전력 모바일 D램 LPDDR6은 온디바이스 AI를 혁신할 것이라 확신합니다.

삼성전자가 종합반도체 기업이고, 턴키 솔루션이 가능하다는 사실과 HBM 기술력은 셀 수 없이 많은 지원자가 언급하는 내용이다. 삼성전자는 AI 시대가 도래해서 중요해진 회사가 아니다. 수십 년간 메모리 반도체 시장을 혁신하며 이끌어왔고, 삼성전자의 혁신 제품 때문에 반도체 시장도 성장할 수 있었다.

CJ제일제당이 가공식품 시장을 혁신하고 글로벌 시장을 확대해
왔다는 사실은 이미 널리 알려져 있다. 미국 시장에 진출해 거두고
있는 괄목할 만한 성장 또한 수년간 뉴스에서 반복적으로 언급되어
온 대표적인 성과이자, 누구나 쉽게 말할 수 있는 일차원적 사실에
가깝다.

산업이나 회사가 바뀌어도 지원자들의 전형적인 패턴은 크게
바뀌지 않는다. 최신 뉴스 몇 개를 검색해서 나오는 눈에 띄는 성과나
결과를 나열하면서 '혁신적이다', '나와 맞닿아 있다'라는 키워드를
붙이는 수준의 얄팍한 고백에 감동해줄 회사는 존재하지 않는다.

삼성전자는 항상 과감한 선택으로 판도를 바꾸는 회사입니다. 삼성전자 파운드리는 언더독의 상황에서 경쟁사도 시도하지 않았던 GAA공법을 3나노 공정에 도입했고, 끝없는 위기와 시장의 회의론에도 부딪혔습니다. 하지만 수년간 이어진 끈질긴 노력 덕분에 2나노에서의 안정적 수율 확보 및 테슬라 AI6 칩 대규모 생산으로 이어질 수 있었다고 생각합니다. 항상 시장의 기대를 넘어 과감하게 시도하고 혁신하는 삼성전자와 함께하고 싶은 이유입니다.

CJ제일제당은 항상 뛰어난 기술로 고객의 기대를 뛰어넘는 기업입니다. 무균밥기술이 적용된 햇반은 단 2분이면 조리가 가능해 바쁜 현대인의 시간을 아껴주면서도 9개월 내내 언제든 갓 지은 밥맛을 누릴 수 있는 기회를 열었고, 초박피, 고탄성 반죽 배합 기술과 원료육 품질 유지 기술이 접목된 비비고 만두는 냉동제품임에도 불구 육즙 가득하면서도 쫄깃한 식감을 유지해 365일 쉽게 즐길 수 있는 미식 경험을 선사했습니다. CJ제일제당의 끝없는 제품혁신에 동참해 고객의 기대를 뛰어넘는 식문화를 함께 이끌고 싶습니다.

삼성전자, CJ제일제당에 대한 뚜렷한 관점이 명확하게 보인다. 뒤에 제시된 구체적인 근거는 지원회사에 대한 관점의 설득력을 높이는 수단이다. 구체적인 근거 기반의 뚜렷한 관점이 드러난 좋은 지원동기 사례다. 두 가지 중 하나만 결여돼도 지원동기의 설득력은 떨어진다.

뻔한 분석을 합격으로 바꾸는 '한 끗'의 차이

최첨단 디지털 기술로 아날로그적 감성을 전하는 캐논

캐논은 인류에게 이 시대의 마지막 남은 감성을 선물하는 브랜드입니다. 세상이 디지털로 뒤덮이고, 진정성과 휴머니즘이 사라지고 있지만 캐논은 최첨단 디지털 기술을 바탕으로 사람들에게 아날로그적 감성과 추억을 선사하고 있습니다. 2016년 캐논은 세계에서 세 번째로 많은 특허를 출원했을 정도로 지속적인 기술 연구와 개발을 위한 노력을 아끼지 않았습니다. 이러한 노력과 기술력이 바탕이 되었기에 수많은 카메라 브랜드가 힘을 잃고 시장에서 퇴출되는 동안에도 굳건한 1위를 지키며 고객들에게 지속적인 사랑을 받는 브랜드가 될 수 있었다고 생각합니다. 오랜 기간 축적된 기술력과 노하우, 고객을 위한 제품을 만들겠다는 철학은 오로지 캐논만이 가질 수 있는 브랜드력 그 자체입니다. 고객

　　　　　　　　옴스잡스의 스펙을 뛰어넘는 자소서

에게 최고의 순간, 추억, 감동을 선사할 수 있는 캐논의 프로덕트 매니저
가 되고 싶습니다.

- 캐논 프로덕트 매니저 최종합격자

캐논 프로덕트 매니저(Product Manager)에 지원해 합격한 자소서다. 카메라는 기술력을 통해 감성과 감동을 전달하는 최첨단 디지털 제품이라는 해석을 제시하고, 캐논이 오랜 시간 동안 기술 연구를 기울여 쌓은 특허 실적과 이를 토대로 디지털카메라 시장에서 1우를 지킬 수 있었다는 근거를 함께 제시하고 있다. 카메라라는 제품으로 고객들에게 줄 수 있는 가치, 그리고 왜 캐논인지에 대한 지원자의 관점과 근거가 함께 잘 결합되었다.

틀에 박힌 사고로 누구나 알고 있는 사실만 나열하는 것으로는 상대방의 가슴을 울리는 진심 어린 고백을 할 수 없다. 산업·사업·기업에 대한 이해를 바탕으로 주관적인 관심과 해석을 담아내는 연습이 필요하다. 물론 필자가 여기서 제시한 방법보다 더 좋은 해결책이 있을 수도 있다. 결국 가장 좋은 지원동기는 지원하는 회사에 대한 '진정성 있는 관심'의 표현이라는 사실을 잊지 않도록 하자.

동국대학교의 합격 자소서 사례처럼 학교가 추구하는 교육관과 비전, 색깔에 집중해보는 것도 좋은 방법이 될 수 있다. 지원하고자 하는 기업과 그 조직만이 갖고 있는 차별점을 찾고, 각자가 도출한 산업에 대한 주관적인 해석과 연결시켜보는 연습이 필요하다.

물론 같은 산업군 내에서 지원하고자 하는 기업만이 갖고 있는

　　　　옴스잡스의 스펙을 뛰어넘는 자소서

차별점을 도출해 내기란 쉽지 않다. 그렇다고 너무 도드라지는 '차별점'을 찾는 데 집중할 필요는 없다. 대신에 해당 기업만이 갖는 차이점 중에서 어떤 부분을 왜 좋게 생각하는지, 혹은 어떻게 보는지에 대한 생각을 녹이는 것 자체가 차별화의 한 방법이 될 수 있다. 누군가는 매출액 규모 또는 시대적 흐름에 대응하는 전략적 움직임을, 매출액 규모는 작지만 수익성과 성장성을, 혹은 경영철학이나 이념을, 제품·서비스 포트폴리오나 해당 기업이 속한 그룹이 있다면 그룹만의 색깔을 차별화의 기준으로 삼을 수도 있다.

필자가 여기서 제시한 방법보다 더 좋은 해결책이 있을 수도 있다. 결국 지원하는 회사에 대한 '진정성 있는 관심'이 여실히 드러났느냐가 핵심이다.

AI 시대가 될수록 '주관'이 더욱 중요해지고 있다. 누구나 그럴듯한 사례들을 조합해 '잘 알고 있는 듯' 보이는 자소서를 쓸 수 있다. 심지어 AI에게 근거를 요청하고, 관점까지 다양하게 제안해 달라고 할 수도 있다. 결과물만 보면 그럴듯하다고 생각하겠지만 결국 사람이 직접 탐구하고, 감정적으로 공감하면서 쓴 자소서를 따라올 수 없을 것이다. 본인이 스스로 중요성을 판단하며 정보를 선택하고, 조합해서 작성한 내용이 아니기 때문에 면접에서 자신의 감정을 담은 답변으로 뱉어내지 못할 것이다. AI가 발전할수록 지원자의 진심이 더욱 중요한 판단 기준이 될 것이다.

다양한 자료를 활용한 기업 분석법 꿀팁

기업분석에 참고할 수 있는 자료들은 차고 넘친다. 가장 많이 참고하는 사업보고서부터 회사 홈페이지, IR(Investor Relations) 자료, 각종 전문기관 및 금융기관에서 발간되는 분석 보고서와 경제신문, AI까지 동원에서 온갖 정보들을 수집해보지만 적게는 일주일, 많게는 수개월 동안 한 산업을 공부했음에도 지원동기 하나 제대로 쓰지 못하는 경우가 태반이다.

그리고 지원자들의 질문은 항상 '얼마나, 어디까지 봐야 하느냐'로 향한다. 질문부터 잘못됐다. '뭘 알아야 하느냐'라는 목적성을 명확하게 해야 뭘 봐야 하는지, 어디까지 보면 좋을지도 정할 수 있다. 앞서 지원동기는 상대방을 향한 사랑 고백이며 고백의 핵심은

올스잡스의 스펙을 뛰어넘는 자소서

상대방만이 갖고 있는 본연의 매력과 가치를 납득하는 것임을 이야기했다. 이런 이유로 우리는 '분석'이 아니라 '정확한 이해'를 하는 데 초점을 맞춰야 한다.

지원자들이 가장 많이 참고하는 자료들을 중심으로 어떤 목적성을 갖고, 어떻게 활용하면 좋을지 정리해본다.

사업보고서로 개요 파악하기

전자공시시스템(dart.fss.or.kr)은 공시 의무가 있는 주요 기업들의 공시자료를 열람할 수 있는 사이트다. 공시 의무가 있는 기업을 대상으로 하기 때문에 상장되지 않은 기업이나 공시 의무가 없는 중소, 영세기업들의 경우 자료를 찾기 어려울 수 있다. 하지만 대기업, 중견기업, 혹은 상장기업 취업을 준비하는 경우에는 가장 쉽고 빠르게 활용하기 좋은 수단이다.

투자를 위한 전문적인 분석이 아닌 취업 준비 목적이라면 검색조건에서 '정기공시'를 체크하고, 검색창에 관심 회사명을 입력하면 사업보고서, 분기보고서를 볼 수 있다. 사업보고서는 사업연도 종료 후 90일 이내 제출, 분기/반기보고서는 해당 기간 종료 후 45일 이내에 제출된다. 취업을 준비하는 시점 기준으로 가장 최신 보고서를 참고하면 된다.

| 전자공시시스템에서 공시자료 찾기 |

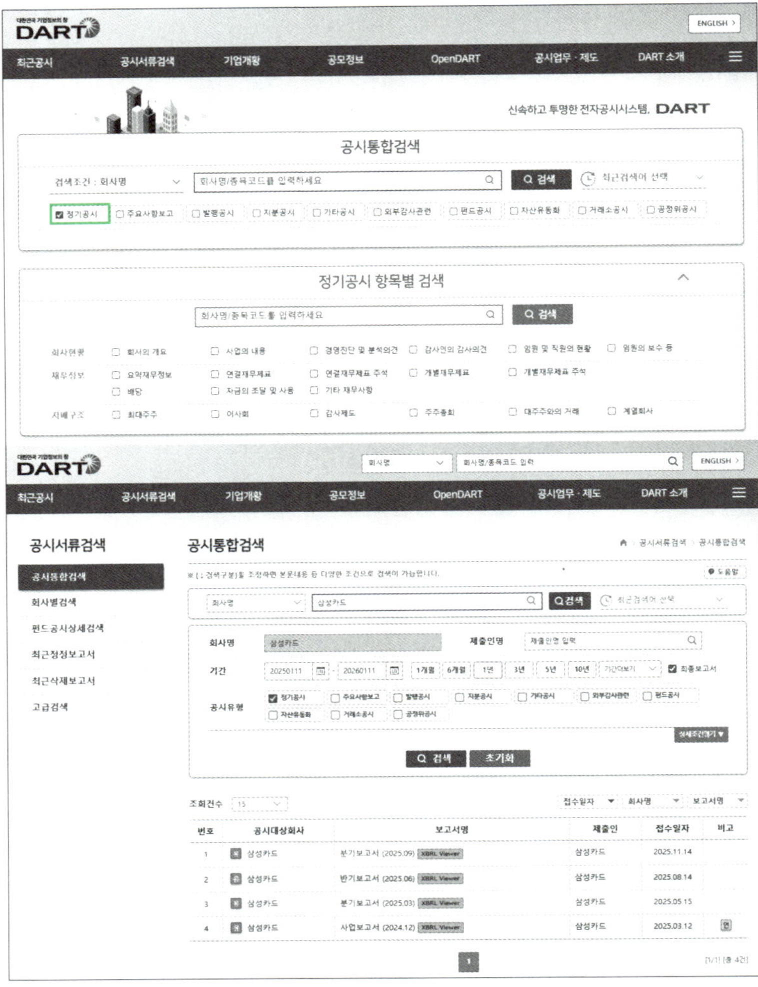

옴스잡스의 스펙을 뛰어넘는 자소서

사업보고서,
사업의 개요로 방향성부터 잡자

대부분은 사업보고서를 분석 자료로 활용한다. 자료의 활용 목적 자체가 틀린 건 아니다. 실제로 사업보고서는 기업 내외부에 존재하는 이해관계자들이 회사에 대한 투자의사결정을 하는 데 도움을 주기 위해 작성된 자료다. 그래서 주요 내용은 우리가 어떤 회사이그, 어떤 것들을 잘하고 있거나 부족한 부분이 있으며, 어떻게 미래를 준비하고 있는지 등을 담고 있다. 여기서 지원자 입장에서 참고할 수 있는 핵심적인 내용들을 분류해본다면 사업개요(비즈니스 영역, 산업의 특성과 현황), 회사의 현황(사업현황과 실적, 경쟁력, 전략 등) 정도로 구분할 수 있다.

사업보고서는 '앞으로 이 산업이 어디로 흘러가고 있고, 미래가 어떻게 될 것이며 그 안에서 이 기업은 얼마나 잘하고 있는지'를 파악할 수 있는 좋은 수단일 수 있지만 '왜 이 산업/사업이어야만 하는지'를 파악하기 위한 수단으로서는 부족하다. 그러므로 '사업의 개요'를 통해서 관심 회사가 속한 산업, 영위하고 있는 사업이 무엇인지를 개괄적으로 파악한 뒤 별도의 자료, 검색 등을 활용해서 해당 산업, 사업만의 가치와 매력에 대해서 별도로 탐구한 뒤에 업종, 기업의 현재와 미래를 파악하는 과정에서 사업보고서를 활용하는 것이 좋다.

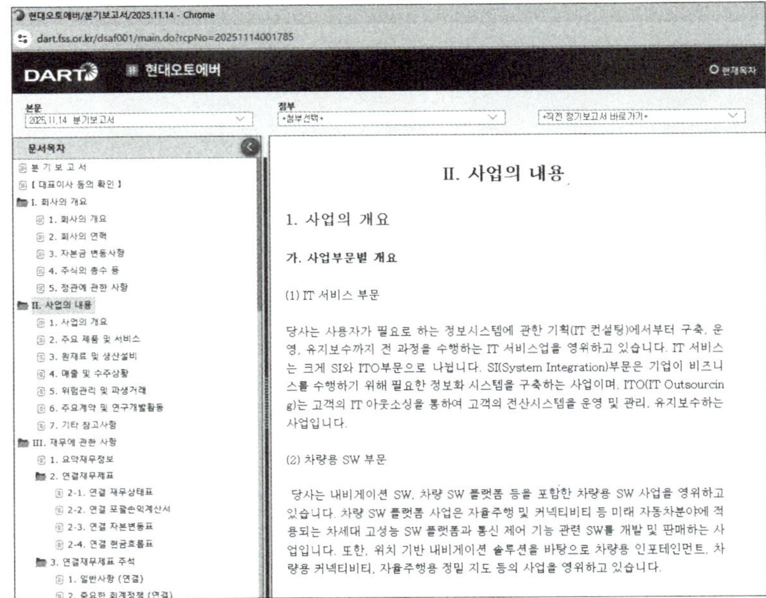

출처: 전자공시시스템

이 자료는 현대오토에버의 분기보고서 'II. 사업의 내용 - 1. 사업의 개요' 부분에서 확인할 수 있는 내용이다. 현대오토에버는 현대자동차그룹의 IT서비스 계열사로 고객사들을 대상으로 IT컨설팅부터 구축, 운영, 유지보수를 책임지는 IT서비스 사업이다. 다른 IT서비스 회사들과는 다르게 '차량용 SW' 사업을 별도로 운영하고 있다. 현대오토에버를 지원한다면 단순히 IT서비스 시장 현황이 어떻고, 차량용SW 사업이 어떻게 진행되고 있는지 현황부터 분석하는 게 아니라 IT서비스가 왜 중요한지, 현대오토에버가 IT서비스로 고객사들에게 어떤 가치를 주고 있는지, 그리고 차량용SW 사업을 영위하는 이유와 그 가치가 무엇인지부터 공부하고, 파고들어 보는 것이 먼저다.

| 현대카드 분기보고서(2025.09) |

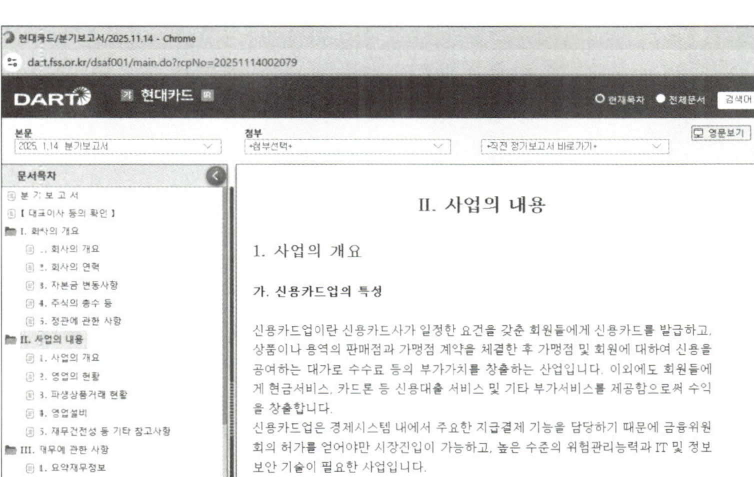

출처: 전자공시시스템

다른 사업을 살펴보자. "신용카드 사업은 고객들에게 다양한 혜택을 제공함으로써 고객에게 다양한 즐거움을 줄 수 있어서 매력적이다." "현대카드의 세련되고, 톡톡 튀는 브랜딩 능력이 인상적이어서 지원했다." 이는 카드 산업, 현대카드 선택 이유를 물었을 때 대부분 지원자가 깊은 고민 없이 쓰는 전형적인 문장이다.

현대카드의 '사업의 개요'를 보면 신용카드 사업은 '가맹점 및 회원에 대하여 신용을 공여하는 대가로 수수료 등의 부가가치를 창출하는 산업'이라고 설명하고 있다. 그렇다. '신용(돈)'을 빌려주는 대가로 카드 이용객뿐만 아니라 가맹점으로부터도 수익을 내는 사업이다. 카드 혜택 및 부가 서비스라는 수단을 활용해 신규 고객을 유치함과 동시에 신용카드 결제액과 이용빈도를 늘리고, 할부, 리볼빙, 카드론과 같은 부가적인 서비스 판매를 높임으로써 수익을 내는 사업이다.

이 같은 본질에 대한 이해가 없이 표면적인 재미, 특징에만 집중해서는 아무리 공들여 써도 '회사의 성장과 매출 확대에 기여할 수 있는 인재'로 인식될 수 없다. 사업의 개요에 나오는 설명이 별것 아닌 듯 보이는 이유는 말 그대로 '개요'일 뿐이기 때문이다. 사업보고서는 투자자들을 위한 보고서이지 취준생들을 위해서 상세하고, 친절하게 사업의 의미와 가치, 비즈니스의 생리에 대해서 설명해주는 입문서가 아니다. 사업보고서에 드러나지 않은 사업의 본질을 읽어내는 능력, 그것이 곧 취업 경쟁력을 가른다.

단편적인 수치나 성과 뒤에 숨겨진
진짜 의미를 파악하라

대부분은 사업보고서를 보면서 눈에 띄는 데이터와 수치에 집중하는 경향을 보인다. 예를 들어 2025년 3분기 현대차 분기보고서에서는 일반적으로 "2025년 상반기 국내 시장은 전년동기 비 3.6% 증가한 판매량을 기록했고, 3분기 산업수요는 전년동기비 11.1% 증가하면서 2025년 누계 기준 전년동기비 6.1% 증가한 126.7만 대를 기록했다."라는 내용에 집중했을 가능성이 높다. 현대차가 금년도 사업을 잘했고, 실적도 좋았음을 확인할 수 있는 내용이기 때문이다.

그런데 이 구체적인 수치를 일일이 파악하고, 정리하는 게 그렇게까지 중요할까? 자소서나 면접에서 활용할 수 있다면 어디에 활용할 것인가? '나는 현대차가 올해 국내 시장에서 3Q 기준 YoY 6.1% 높은 판매량을 기록했음을 알고 있다?' 그렇게 접근하면 정리하고 암기해야 할 수치는 끝없이 늘어난다. 하지만 정작 면접에서 그런 수치를 직접 묻는 경우는 거의 없다. 결국 맥락 없이 나열된 숫자들을 정리하는 것 자체는 큰 의미를 갖기 어렵다.

결국 산업, 사업의 현황을 파악하는 이유는 '회사를 알고 있음'을 어필하기 위한 목적이 아니라 '이 회사가 뭘 잘하고, 못하고 있는지', '앞으로 어디로 가려고 하는지'를 읽어내기 위함이다. 그렇기 대문에 세세한 수치 하나하나가 아니라 큰 흐름, 추이, 비중 등

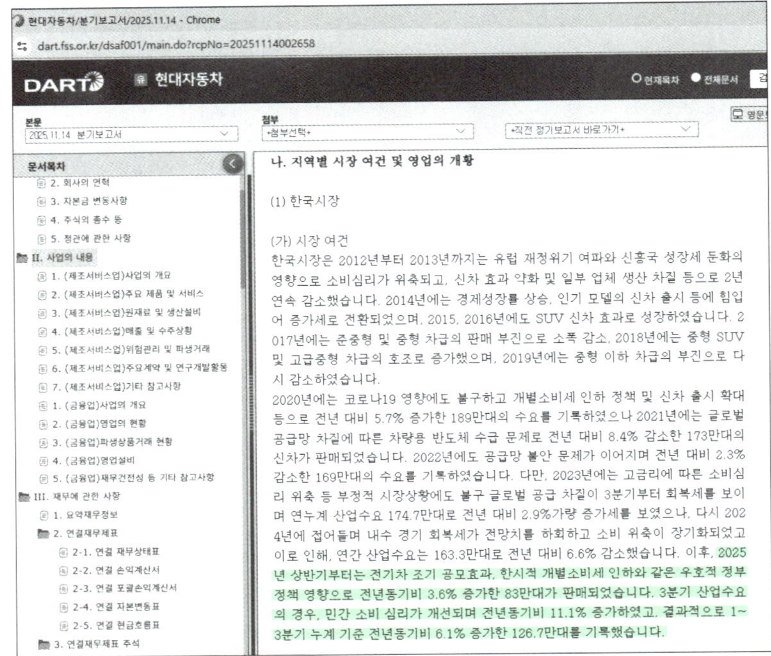

출처: 전자공시시스템

을 중심으로 이 산업에서 뭐가 중요해지고 있는지, 이 회사는 무엇에 집중하고 있고 뭘 잘하는지, 나는 무엇을 기여할 수 있는지와 연결해보면서 의미 있는 내용들을 정리하는 게 중요하다.

일례로 2024년 높은 금리 부담에도 불구하고 미국 시장에서 HEV(Hybrid Electric Vehicle) 판매 강세와 업체들의 적극적 프로모션에 덕분에 판매량이 증가했고, 2025년에는 관세전쟁의 여파가

옴스잡스의 스펙을 뛰어넘는 자소서

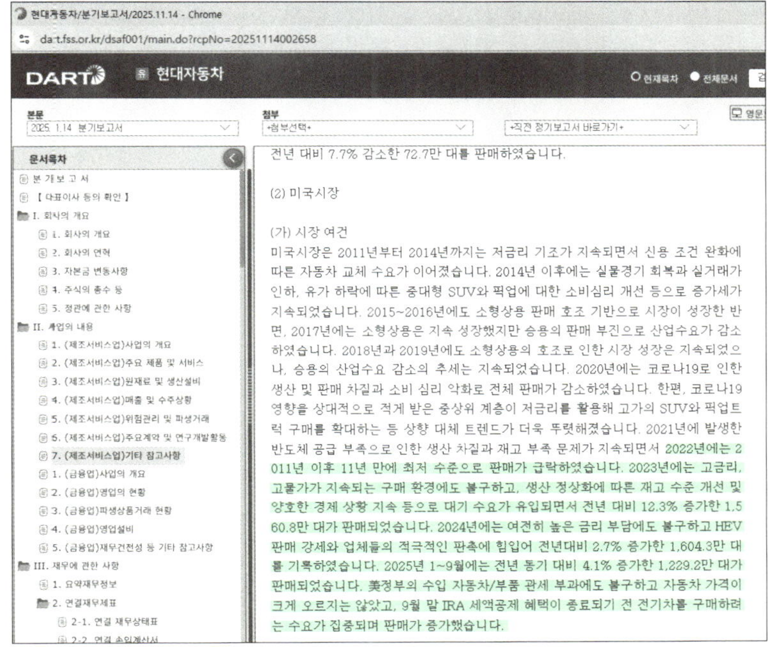

| 현대자동차 분기보고서(2025.09) |

출처: 전자공시시스템

있었지만 자동차 가격이 오르지 않았고, 9월 말 IRA 세액공제 혜택 종료로 인한 고객들의 구매가 이어지면서 전년 동기 대비 4.1%의 판매량이 늘었다는 내용을 확인할 수 있다. 단순히 몇 프로 늘었다는 수치가 아니라 '높은 금리에도 불구하고 HEV 판매 강세'를 통해서 HEV에 대한 수요가 생각보다 강하다는 점을 파악할 수 있고, 2025년 3분기 이후 IRA 세액공제 혜택이 종료된다면 고객 입장에

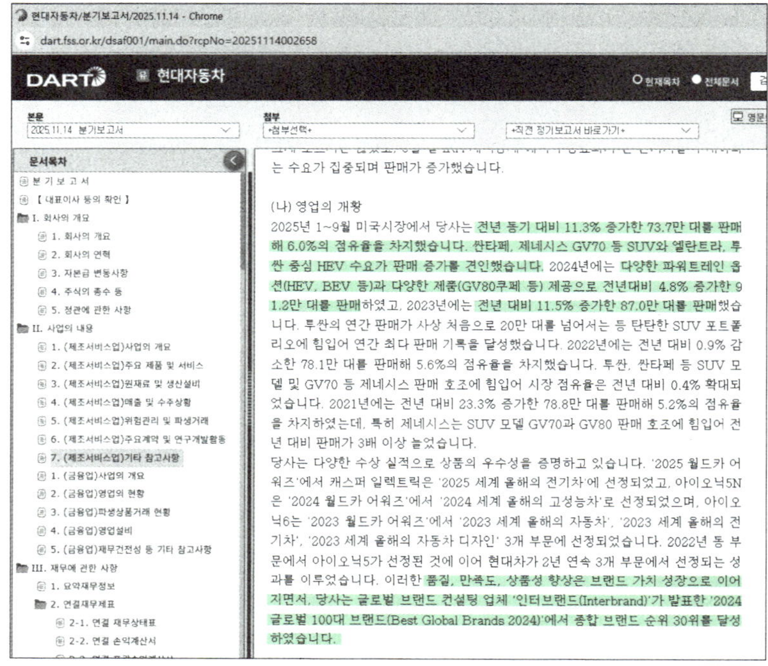

서 전기차 구매 유인이 줄어들 수 있다는 상황을 유추해볼 수 있다. 이 같은 상황에서 현대차는 어떻게 대응했는지, 앞으로는 어떤 대처가 필요한지 입체적으로 고민해보는 게 중요하다.

현대자동차의 2025년 3분기까지의 누적 판매량은 전년 동기 대비 11.3% 늘며 73.7만 대를 기록해 시장점유율 6.0%를 차지했고, 쌴타페, 제네시스 GV70, SUV와 엘란트라, 투쌴 중심 HEV

수요가 판매 증가를 견인했다는 사실만 본다면 현대차가 SUV와 HEV를 앞세워 호실적을 달성했다는 정도에 그칠 것이다.

하지만 앞선 미국 시장 현황의 자료와 결합해 본다면 2025년 9월까지 미국 시장 전체 판매량은 4.1% 증가에 그쳤을 때 현대차는 11.3%라는 엄청난 증가세를 보였음을 알 수 있고, 쌴타페, GV70 등 SUV 모델 판매량의 호조는 2021~2022년부터 일찍이 출시 후 지속적으로 모델 개선을 통해 이룬 결과이며, HEV 수요 확대는 2024년 발 빠른 파워트레인 다양화 전략 덕분에 이룬 성과임을 알 수 있다.

단순한 수치와 결과를 있는 그대로 정리하고, 받아들이는 건 큰 의미가 없다. 여러 자료를 복합적으로 결합해 변화와 추이를 읽어내고, 각 수치와 결과의 진짜 의미를 파악하는 게 중요하다. 그런 맥락에서 현대자동차가 글로벌 브랜드 컨설팅 업체 '인터브랜드'가 발표한 '2024 글로벌 100대 브랜드'에서 종합 브랜드 순위 30위를 달성했다는 게 중요한 게 아니라 전년도에는 몇 위였는지, 구체적으로 어떤 부문에서 좋은 평가를 받고, 순위를 상승시켜 좋은 평가를 받을 수 있었는지, 사업보고서만으로 파악할 수 없는 내용들은 더 찾아보면서 그 의미를 탐색해보는 게 중요하다.

회사 홈페이지에서는
구체적인 사업, 제품 정보와 기업 특색을 파악하라

일반적으로 지원자들은 CEO 인사말이나 신년사를 통해서 회사에서 주안점을 두고 있는 핵심 사업이나 반복적으로 강조되는 키워드를 파악해서 자소서에서 본인과의 연결성을 강조하거나 면접에서 이를 어필하는 정도로 활용한다.

회사 홈페이지를 통해서 확인할 수 있는 것은 많지 않지만 같은 대상도 어떤 목적과 시선으로 바라보느냐에 따라 얻는 것은 다를 수 있다. 회사 홈페이지에서는 사업보고서로 세세하게 확인하기 어려웠던 내용들을 확인할 수 있다. 회사의 주요 사업과 제품 및 서비스의 세부 사항들을 확인할 수 있고, CEO 인사말과 비전, 경영철학을 통해서는 이 기업만의 갖는 특색과 방향성을 가늠해볼 수 있다. 나와의 접점을 찾기 위한 목적이 아니라 해당 기업만이 갖는 매력을 탐구하면서 방향성을 공감하는 기회를 얻을 수 있다.

다음은 삼성SDI 홈페이지에서 확인 가능한 비전과 Core Value다. 삼성SDI가 제시하는 4가지 핵심가치 중에서 내실성장(Profitable Growth), 운영역량(Operational Competency), 지속가능한 리더십(Sustainable Leadership)은 삼성SDI에서만 확인할 수 있는 독특한 가치다. 실제로 삼성SDI는 K-배터리 경쟁사들이 일찍이 적자를 기록하던 시기에도 흑자 기조를 가장 오래 유지했던 기업이었고, 이는 지속적으로 R&D에 많은 투자를 할 수 있는 기반이 되

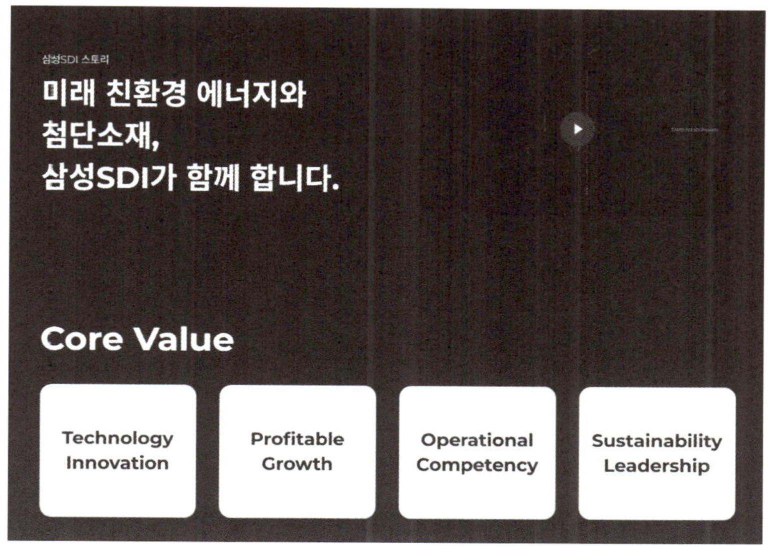

출처: 삼성SDI 공식 홈페이지(samsungsdi.co.kr)

기도 했다. 운영역량은 효율적이고, 체계적인 프로세스 구축을 통해서 사업 운영에서 발생하는 불필요한 낭비를 최소화하는 삼성그룹단의 색깔이 묻어나는 부분으로써 내실성장을 뒷받침하는 기반이 될 수 있었다고도 생각해볼 수 있다.

SK온은 Vision 달성을 위한 핵심 요소 6가지 중 하나로 'The Fastest Growth'를 제시하고 있다. 수익성과 내실 중심의 성장을 추구하는 삼성SDI와 상반된 방향성이다.

고객을 바라보는 CEO의 관점도 대비된다. 삼성SDI는 고객으로

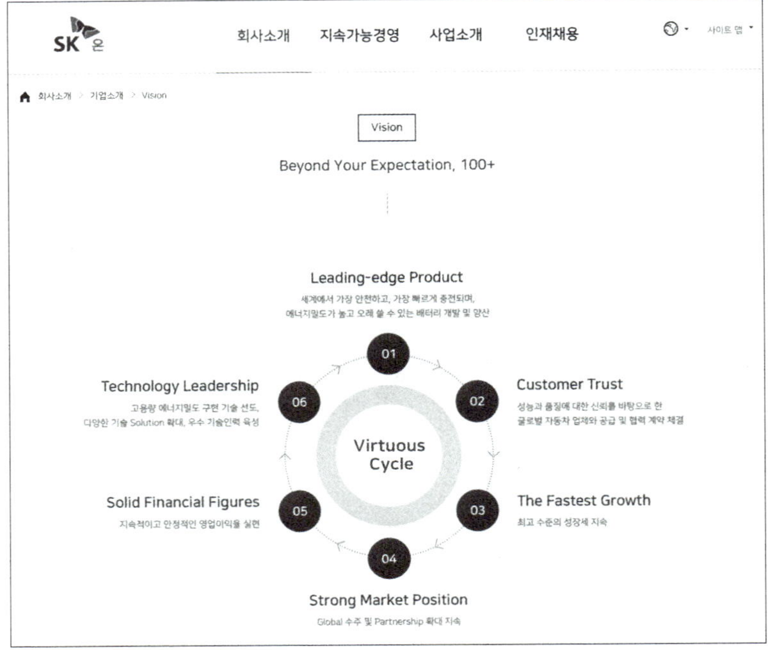

출처: SK온 공식 홈페이지(sk-on.com)

부터 인정받기 위해 '차별화된 기술력과 최고 품질의 제품을 만드는 것'을 중시하지만 SK온은 '글로벌 파트너와의 긴밀한 협력과 고객 니즈 대응을 중시'하고 있다는 차이도 확인할 수 있다. 각기 다른 관점과 전략들이 갖는 가치가 무엇인지, 어떤 의미가 있는지 회사의 현황과 연결해서 생각해본다면 지원한 회사만의 색깔이나 매력도 더 뚜렷하게 보일 수 있다.

| CEO 인사말: 삼성SDI(위)와 SK온(아래) |

삼성SDI는 친환경 에너지와 첨단소재를 사업의 양대 축으로,
전기자동차, 에너지저장장치(ESS), IT기기 등에 탑재되는 배터리와
반도체, 디스플레이 등에 사용되는 전자재료를 개발, 생산하고 있습니다.

고객으로부터 인정받고, 치열한 글로벌 경쟁에서 살아남기 위해
무엇보다 중요한 것은 차별화된 기술력을 통해 최고 품질의 제품을 만드는 것입니다.

이를 위해 삼성SDI는 '기술이 희망'이라는 신념으로
세상을 바꿀 수 있는 기술을 선제적으로 발굴하고자 최선을 다하고 있습니다.

아울러 친환경, 상생협력, 사회공헌 노력을 통한 지속가능 경영도 실천하고 있습니다.

SK온은 2021년 10월 독립 법인으로 공식 출범 이래,
아시아를 넘어 북미, 유럽에서 글로벌 배터리 생산 기지를 구축했습니다.
더 나은 세상을 만드는 배터리 기술 개발을 선도하고 있습니다.

'세계 최초 NCM9 배터리 개발', '세계 최고 리튬이온전도도 新고체전해질 개발' 등
배터리 산업의 혁신을 실현하고 있습니다.

글로벌 파트너와 긴밀한 협력을 통해 고객의 니즈를 선제적으로 대응하며
기술적 해자를 갖춘 지속 성장 기업으로 거듭나고 있습니다.

더불어, 글로벌 트레이딩 사업을 이끌어가는 SK온 트레이딩 인터내셔널과 함께 배터리 원소재 확보 경쟁력을 강화하며,
성장성과 안정성을 갖춘 글로벌 배터리 & 트레이딩 기업으로 나아가겠습니다.

포스코인터내셔널 홈페이지에서는 사업보고서에서 확인하기 어려운 세부적인 사업영역과 주요 제품 서비스들을 파악할 수 있다. 하나하나 다 파보는 것도 중요하지만 전반적인 이해 수준을 확장하고, 깊이를 더하는 게 중요하다. 사업보고서를 통해서 '철강 트레이딩 매출이 트레이딩 매출의 70%가량을 차지한다'를 파악했다면, 여기서는 '철강' 품목이 산업별, 제품별로 더욱 세분화될 수 있

| **포스코인터내셔널 홈페이지 메뉴** |

posco INTERNATIONAL

회사소개　비즈니스　투자자　지속가능경영　채용　미디어

에너지	소재	식량	신성장사업
가스전사업	철강-산업별	곡물	하이퍼루프
LNG 터미널/연계사업	철강-제품별	특화작물	바이오
발전사업	철강원료		스마트팜
에너지사업	모빌리티		

출처: 포스코인터내셔널 공식 홈페이지(poscointl.com)

다는 점을 알 수 있고, 이후에 철강 매출 추이나 향후 대응 방향성을 파악할 때도 세분화된 관점으로 시장과 제품을 볼 수 있게 된다.

물론 공식 홈페이지는 우리가 무슨 사업을 영위하고 있는지 누구나 알기 쉽게 정리한 것이 목적인 만큼 세세한 실적이나 전략까지 확인할 수는 없다. 회사 홈페이지를 통해서 시야와 관점을 넓히고, 관련된 세부 내용들은 다른 분석 자료나 뉴스, 검색 등을 통해서 공부하고, 파고들어야 한다.

이해도 증진을 위한 기타 소스들

산업·기업의 깊이 있는 이해라는 목표를 달성하는 데 참고할 만한 좋은 자료들을 추가로 소개한다.

　옴스잡스의 스펙을 뛰어넘는 자소서

기업별 별도 운영페이지

기업에서 자체적으로 운영하는 블로그, 뉴스룸, 유튜브 등을 참고
할 수 있다. 인스타그램은 채널의 성격상 자세하고, 유용한 정보
를 얻기에는 어려움이 있다. 회사의 규모가 클수록 시장과 대중에
게 회사의 사업내용과 실적 등을 쉽게 설명하고 전달하기 위해 자
체적으로 운영 중인 채널들을 활용해 양질의 콘텐츠들을 공개하고
있다. 회사의 사업을 잘 모를 구직자들을 위한 친절한 비즈니스 소
개부터 현직자 직무 소개, 최근 뉴스까지 다양하게 확인할 수 있다.
사업보고서와 홈페이지를 활용해서 기본 이해를 잡은 뒤에 활용하
면 좋다.

협회 홈페이지

대한민국에는 보험협회, 철강협회, 건설협회, 제약바이오협회 등처
럼 산업의 경쟁력을 강화하고, 개별 기업들이 대처하기 힘든 이슈
들에 대한 대응력을 높이기 위해 설립된 협회들이 존재한다. 협회
홈페이지에서는 각 산업·업종별 현황과 트렌드, 이슈 등에 대한 내
용들을 꾸준하게 제공하고 있다.

네이버 증권

각 금융기관에서는 대내외 경제 전망부터 특정 산업, 회사에 대한
분석까지 양질의 리포트를 주기적으로 발행한다. 관심 있는 산업과
기업 관련된 세부적인 현황과 이슈, 시장에서의 평가를 한눈에 확

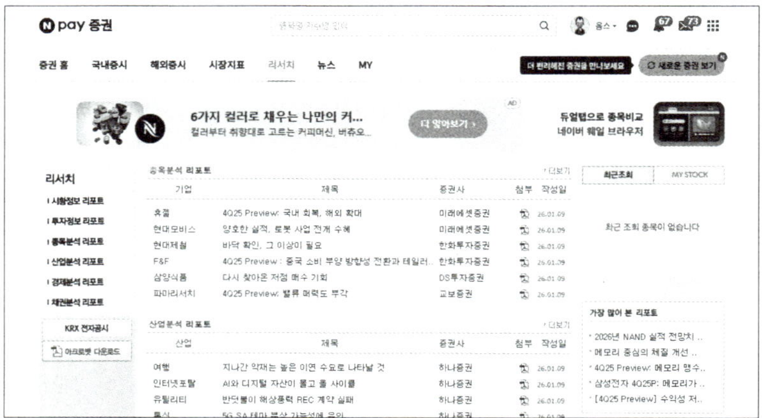

인할 수 있다. '네이버 증권'의 '리서치' 탭에 가면 수많은 분석 보고
서를 한꺼번에 모아서 볼 수 있다.

관련 서적

개인적으로 필자가 가장 강력하게 추천하는 수단이다. 앞서 언급했
던 내용들은 여기저기 파편화되어 흩어져 있는 정보들이다. 산업·기
업에 대한 이해도가 낮은 상태에서 각기 다른 채널에서 찾은 정보
들을 체계적으로 집대성하는 건 생각보다 쉽지 않다. 한 산업이나
사업을 체계적으로 설명한 개념서나 전문 서적, 그리고 업계의 동
향과 트렌드, 이슈들을 정리한 책들을 활용하면 훨씬 체계적으로,
깊이 있게 산업, 사업, 기업을 보는 시각을 높일 수 있다.

취준생의 십중팔구는 직무 전문성과 역량을 강조하기 위해 직무 관련 경험 쌓기, 자격증 취득에 열을 올린다. 자소서 작성 단계에서는 계약직, 인턴으로 자료 조사, 보조, 혹은 관찰을 했을 뿐인데 직무에 대한 확신과 실무 역량을 확보했다고 강조하며, 장비나 기기를 체험해보는 수준의 짧은 실습을 통해 현업에서도 해결하지 못하는 공정 내 불량 문제를 포착할 수 있는 관점을 키웠다고 어필한다. 과장된 확신은 깊이 있는 이해의 증거가 아니라 오히려 얕은 직무 이해의 방증이다. '경험이 곧 역량'이라는 일차원적인 사고방식에서 벗어나는 것, 그것이 진짜 성장의 시작이다.

4장

직무를 깊이 탐구하라

I know that I know nothing.

나는 내가 아는 게 없다는 걸 안다.

− 소크라테스

知之爲知之 不知爲不知 是知也(지지위지지 부지위부지 시지야)

아는 것을 안다고 하고, 모르는 것을 모른다고 하는 것,

이것이 바로 아는 것이다.

− 공자

직무 경험이 곧 실력이라는 환상에서 벗어나기

직무 측면에서 지원자들의 고민은 '직무 선택 이유', '직무역량', '입사 후 포부' 정도로 압축된다. 대부분은 관련성을 찾거나 먹힐 만한 주제를 찾는 데 집중하지만 정답은 결국 '깊이 있는 직무 이해'로 귀결된다. 콘텐츠를 전공하고, 마케팅을 전공했지만 유니클로 UMC에 합격하거나 금융권 관련된 경험 하나 없이 NICE평가정보에 합격하고, 종합반도체 공정기술을 목표로 취업을 준비했지만 현대자동차 생산기술개발에 최종합격한 사례도 있다. 공통점은 본래 준비했던 직무는 아니었음에도 직무를 학습하고 파고들수록 지금껏 몰랐던 매력을 깨달을 수 있었다는 것이고, 그 과정에서 내가 가진 장점이 어떻게 접목될 수 있을지 차별화된 관점이 보이기 시작했다는 점이다. 접점을 찾기 전에 관심 직무를 깊이 파고들어라. 자연스럽게 접점이 보일 것이다.

이지안　　건축사인 거 소문나면 다 봐달라고 할 텐데.

박동훈　　건축사 아니고, 구조기술사. 여태 무슨 회사인지도 모르고.

이지안　　비슷한 거 아닌가?

박동훈　　달라. 건축사는 디자인하는 사람이고, 구조기술사는 그 디자인대로 건물이 나오려면 어떤 재료로 어떻게 만들어야 안전한가 계산하고 또 계산하는 사람이야. 말 그대로 구조를 짜는 사람. 모든 건물은 외력과 내력의 싸움이야. 바람, 하중, 진동, 있을 수 있는 모든 외력을 계산하고 따져서 그것보다 세게 내력을 설계하는 거야.

tvN에서 방송됐던 〈나의 아저씨〉에서 이지안과 박동훈이 나누는 대화의 일부다. 박동훈은 정확하게 자신이 하고 있는 일의 본질과 핵심을 이해하고 있고, 이지안은 건축사와 구조기술사의 차이조차 명확하게 인식하지 못하고 있었을 뿐만 아니라 심지어 '비슷한 성격의 일'로 착각하고 있었다.

다시 돌아와서, 생각해보자. 독자들도 과연 '나는 잘 알고 있다'고 자신했던 직무에 대해 박동훈처럼 명쾌하게 설명할 수 있겠는가? 지금까지의 자신감과 확신이 지식착각이 아니었다고 확신할 수 있는가? 관련 경험의 일부를 경험해봤다는 사실에 빠져 정확한 직무 체계와 이해가 부족하다는 사실을 인식하지 못하는 것은 아닌가?

　　　　　　　　　옴스잡스의 스펙을 뛰어넘는 자소서

직무 전문성,
그 착각을 깨라

옴스　　　영업 직무에 관심이 많으시다고요?

영업 지원자　네. 대학교 때부터 쭉 관심을 갖고 있었고, 다양한 아르바이트를 섭렵하기도 했고, 수많은 고객을 만나서 응대한 경험도 다수 있습니다.

옴스　　　좋습니다. 영업에서 수행하는 업무와 역할이 무엇인지, 어떻게 하면 그 역할을 체계적, 전문적으로 잘 해낼 수 있는지 아는 대로 이야기해주세요.

영업 지원자　제품이나 서비스를 팔고, 음, 고객을 응대하고, 매출을 극대화합니다. 그리고 고객의 니즈를 잘 파악해야 되고요. 적극적인 태도로 고객에게 다가가서 친절하게 응대하는 게 중요할 것 같고요.

옴스　　　고객 니즈는 어떻게 잘 파악할 거죠? 고객의 이야기를 귀 기울여 들으면 되는 건가요? 적극적으로 다가가서 친절하게만 하면 고액 자산가들도 은행의 다양한 금융상품을 알아서 잘 가입해주실까요? 신규 고객은 어떻게 찾고, 고객관리는 어떻게 하실 거죠?

예일 대학교의 인지 과학자 레오니드 로젠블리트(Leonid Rozenblit)와 프랭크 케일(Frank Keil)의 연구 "The misunderstood limits of folk science: An illusion of explanatory depth"(통속 과학의 오해된 한계: 설명 깊이의 착각)에서 지식착각(Knowledge illusion)의 개념이 처음 등장했다.

연구진은 참가자들에게 자전거, 재봉틀, 휴대폰 등 일상적인 사물이 어떻게 작동하는지 이해도를 평가하도록 요청한 다음, 참가자들에게 그 작동 원리를 자세하게 설명해보라고 했다. 설명이 끝난 후 다시 이해도를 평가했을 때, 대부분 참가자가 스스로 평가했던 작동 원리의 이해 수준보다 실제 이해도가 훨씬 낮다는 것을 깨달았는데 그 차이는 20~30% 수준을 넘었다. 해당 연구는 사람들이 머릿속에 있는 지식과 이해의 수준을 실제보다 과대평가하는 경향이 있다는 함의를 준다.

아마 이 책을 읽고 있는 독자의 상당수도 '나는 여기에 해당되지 않을 것'이라는 안일한 생각을 하고 있는지 모르겠다. 그렇다면 지금 당장 A4용지를 꺼내서 '본인이 관심 있는 직무의 업무 수행은 어떤 단계를 거쳐서 이뤄지는지, 각 단계별 주요 과업은 무엇인지, 각 과업을 수행하는 데 필요한 지식과 핵심 개념 등이 있다면 무엇인지' 10분의 시간을 정해서 최대한 채워보자. 한 장이라도 빼곡하게 채울 수 있는 독자가 몇 명이나 될까?

오죽하면 지식착각이라는 개념이 등장했겠는가. 그만큼 수많은 이가 착각에 빠져 있다는 사실조차 인지하지 못한다. 직무에 있어서만큼은 누가 더 냉정하게 자기의 지식착각을 자각하고, 부족한 부분을 빠르게 채워나갈 것인지가 진짜 실력 향상, 취업이라는 결과와 가까워지게 만드는 열쇠다.

  옴스잡스의 스펙을 뛰어넘는 자소서

옴스 설계를 지원하셨네요? 설계가 쉽지 않은 직무인데 잘하실 수 있다고 생각하시는 이유가 있을까요?

설계 지원자 저는 학부 때부터 설계 관련 기본과목들을 수강했고요. CAE(Computer-Aided Engineering) 경진대회에도 여러 차례 참여해서 ANSYS 툴을 활용해서 다양한 구조를 직접 설계해보고, 수상까지 한 이력이 있어서 자신 있습니다.

옴스 설계 업무의 기본 프로세스가 어떻게 되는지, 설계 시에 중요하게 고려해야 하는 요소들은 어떤 게 있을까요?

설계 지원자 우선 3D모델링을 잘 뽑아야 하고요. 시뮬레이션을 잘 돌려서 해석 결과를 토대로 모델 성능을 잘 검증하는 게 중요합니다.

옴스 요구사항 분석 및 사양 결정이 먼저 아닌가요? 모델링하실 때 고려한 요소들은 무엇인가요? 가공성? 조립성? 강도? 재질? 시뮬레이션하실 때는 어떤 경계조건들을 설정하셨죠?

설계 지원자 …

취업 시장에서 큰 화두는 '직무 전문성'이다. 직무 관련된 경험이 있어야 유리한 고지를 점할 수 있다는 통념이 정설처럼 번지면서 모든 취준생이 앞다투어 공모전, 교육, 프로젝트, 인턴 등 관련된 이론과 경험을 쌓는 데 골몰하고 있다. 그 과정에서 실무를 직간접적으로 접할 수 있는 기회를 얻다 보니 대부분은 경험이 하나씩 쌓일 때마다 스스로 직무에 대한 이해를 높이고, 합격권과 가까워지고 있다는 착각에 쉽게 빠진다. 하지만 경험을 해본 것과 실제로 그 업무를 '탁월하게 잘 해내는 데 필요한 이해' 간의 괴리는 상당하다.

서류 합격률을 높이기 위해 스펙을 쌓는 것도 중요하지만 정작 해당 직무 수행에 필요한 기본적인 지식과 이해를 제대로 갖추고 있는지를 비판적으로 검증하면서 부족한 부분을 찾고, 보완해 나가는 게 핵심이다. 이를 위해 지원자들에게 필요한 것은 절박함, 조급함, 간절함이 아니다. 현실적인 관점에서 직무를 조사하고 공부하면서 이해도를 높이고자 하는 실질적인 노력이 필요하다.

직무 관련 경험 유무가 진짜 문제였을까?

"저는 직무 관련 경험이 없는데 어떡하죠?" "대부분 저보다 스펙이 좋고, 석사들도 많이 쓰는 직무인데 제가 경쟁력이 있을지 모르겠습니다." 갈수록 부족한 스펙 때문에 면접에서 병풍만 서다 끝나는 게 아닌가 걱정하는 지원자들이 늘고 있다.

신입사원 채용은 입사 후의 포지션과 수행 업무가 정해져 있는 경력 채용과는 달리, 조직문화를 빠르게 흡수하고 기존 구성원들과 함께 성장해 나갈 수 있는 잠재력 있는 씨앗을 찾는 과정이다. 지원 직무와 관련된 경험도 물론 중요한 평가 요소가 될 수 있지만 경험은 많은데 직무 이해가 낮다면 그건 오히려 더 심각한 문제다. 반면 다양한 직무 관련 경험은 부족하지만 치열한 경쟁을 뚫고, 합격하

 옴스잡스의 스펙을 뛰어넘는 자소서

는 이들은 끊임없이 등장한다.

LG전자 R&D 직무에 최종합격한 서울 중위권 대학 기계공학과 출신의 지원자는 수능을 여러 차례 보고 뒤늦게 입학한 탓에 서른의 늦은 나이에 대학을 졸업했다. 이미 나이가 많았던 상황에서 관심 분야 관련 교육을 이수하거나 실무 경험을 쌓기 위해 휴학할 여력이 없었고, 빠르게 대학교를 졸업하는 데 집중했다. 몇 개월의 학부연구생을 제외하면 관련된 경험조차 없는 상태에서 삼성전자 설비기술 직무 취업에 도전했지만 번번이 탈락했고, 특별한 경험도 없이 2년이라는 공백기만 쌓였다. 하지만 그는 여러 악조건 속에서 치른 LG전자 기구개발 직무 면접에서 면접관들의 호평을 받으며 최종합격했다.

20대 후반의 늦은 나이에 두산에너빌리티 PM(Project Management) 직무에 최종합격한 서울 중위권 비상경 출신의 지원자는 공무원 시험을 준비하다가 포기하고, 뒤늦게 사기업 취업으로 돌린 사례였다. 학부 시절 대외활동과 공모전 경험이 일부 있었지만 직무와의 관련성은 부족한 공공 분야 관련이었다. 그렇다고 해외 거주 경험이 있거나 어학 실력이 뛰어난 것도 아니었다. 그럼에도 불구하고 면접관들로부터 좋은 평가를 받으면서 높은 경쟁률의 쟁쟁한 경쟁자들을 제치고, 최종합격 할 수 있었다. 더 놀라운 사실은 당시 주력으로 준비하던 직무는 해외영업, 구매 순이었고, PM은 두산에너빌리티에서 처음으로 써보는 직무였다는 사실이다.

부족한 실무 경험, 존재하지 않는 직무 연결고리에도 불구하고,

둘 다 최종합격이 가능했던 이유는 '경력과 무관한 탄탄한 직무 이해' 자체였다. LG전자 합격자는 2년 동안 삼성전자 설비기술 취업을 준비하면서도 전공학습을 놓지 않았다. 굳이 인턴을 하지 않은 것도 본인의 선택이었다. 결국 설비기술 업무 수행에 있어서 가장 중요한 것은 경험이 아니라 설비를 이해하는 데 필요한 '기계공학적 지식'이라고 판단했기 때문이었다. 그렇게 설비기술을 준비하면서 공부했던 재료역학, 기계요소, 열전달은 기구개발 면접을 준비하는 데 고스란히 활용됐다. 문제원인 파악 및 운영·개선에 초점을 맞췄던 설비기술과 달리 창의적으로 개선 방향을 제안하고, 방법을 찾는다는 성격적 차이만을 새롭게 고려해서 면접을 준비했고, 그렇게 역량PT면접을 실력으로 당당히 통과할 수 있었다.

두산에너빌리티 PM 합격자도 상황은 크게 다르지 않았다. 오히려 관련된 경험이 없었기 때문에 경력과 성과를 어필할 생각 자체를 하지 않았고, 오로지 업무 특성과 성격을 이해하는 데 집중했다. "사업관리는 영업에서 수주한 프로젝트를 수행하는 역할이고, 프로젝트를 수행능력에 따라서 이윤이 달라진다는 점 때문에 직접적으로 회사 이윤 창출에 기여하는 부서일 뿐만 아니라 수행 과정에서 고객과 시장에 좋은 인상을 남겨 다음 수주의 기준을 만드는 중요한 직무라고 생각했습니다." 관련된 경험은 없었지만 PM을 깊이 탐구하는 과정에서 해외영업 직무가 갖지 못한 매력에 공감할 수 있었고, 이는 '다른 직무가 아닌 PM 직무를 지원하게 된 이유'가 되었다. 해외영업과 구매 직무를 준비하는 과정에서 학습했던 내용의

　　　　　　　　　　옴스잡스의 스펙을 뛰어넘는 자소서

상당 부분은 PM 업무 특성을 이해하는 데 도움이 되었고, 직무 이해도가 높아지는 과정에서 탄탄한 '나의 이해'와의 접점이 만들어지면서 자신이 'PM 업무를 잘 수행해낼 수 있는 이유'도 특별한 준비 없이 어렵지 않게 도출해낼 수 있었다.

갈수록 지원자들의 평균적인 스펙이 상향 평준화되면서 고스펙자들의 서류 탈락률도 덩달아 늘고 있다. 반면 경쟁이 더욱 치열해지는 와중에도 상대적으로 부족한 경험과 스펙으로 비좁은 취업문을 뚫고 합격하는 이들도 늘고 있다. 그들은 없는 직무 경험이나 연관성을 억지로 찾고, 어필하려고 하지 않았다. 대신 제대로 된 직무지식을 쌓고자 노력했으며, 깊은 이해를 바탕으로 직무를 재해석하고 재정의함으로써 자신만의 관점을 제시했다. 그리고 자신이 가진 경험 안에서 논리적인 연결고리를 찾아 자신 있게 자소서를 작성하고 면접에 임했을 뿐이다.

기업에서 지원자들에게 직무 차원에서 기대하는 바는 결국 '잘할 수 있는가'이고, 이는 '관련된 경험과 성과가 있는가'가 아니라 '이 일을 어떻게 얼마나 잘 이해하고 있는가'를 통해서 확인된다. 관련 경험이 있고, 성과 도출해봤다는 사실만으로 지원자의 직무 이허 수준과 깊이를 알 수 없다. 지원자들의 두려움과 불안감은 '부족한 직무 이해'에서 비롯된다. 반대로 부족한 스펙에도 불구하고, 단단한 마음가짐으로 면접에 임할 수 있는 힘은 '탄탄한 직무 이해'에서 비롯된다. 합격의 열쇠가 무엇인지 답은 명확하다. 합격의 열쇠는 '탄탄한 직무 이해'에서 시작된다.

직무를 깊이 파고들고
역량은 마음껏 제시하라

드라마 〈김과장〉은 삥땅 수법만큼은 타의 추종을 불허하는 지방대 세무회계학과 출신 김성룡 과장이 대기업 경리부에 입사해, 조직의 부조리를 파헤치고 위기에 처한 회사를 지켜내는 과정을 그린 작품이다.

장유선   이사회에 무슨 할 말이라도 있어요?

김성룡   TQ택배, 제가 한번 살려보겠습니다.

장유선   다시 한번 말해볼래요?

김성룡   제가 만들어보겠습니다. 구조조정 필요 없는 회생안.

서율   대표님 말씀은 잘 알겠으나 경리부가 어떻게?

옴스잡스의 스펙을 뛰어넘는 자소서

여기 계신 많은 분들, 진짜 경리 뜻을 아세요? 경리는요, 경영관리의 약자입니다. 지금 몇몇 분들 모른다는 그 눈빛, 딱 걸렸어. 조금 더 정확하게 표현하자면 경영상의 수치, 특히 빵구를 관리하는 거죠. 청진기 대고 진단 때리는 건 우리 빵구 전문가들이 최고니까요.

극 중 주인공 김 과장은 TQ리테일의 이사회에 등장해 자회사인 TQ택배를 구조조정 없이 회생시켜보겠다는 당찬 포부를 밝힌다. 아니나 다를까 회의장에 있는 모든 사람이 경리부 출신 주제에 어떻게 회사의 구조조정안을 도출해낼 수 있겠느냐는 비웃음 섞인 반응을 보인다. 하지만 경리부 출신의 김과장은 구조조정에 대한 자신만의 해석을 토대로 자신의 전문 분야인 경리 업무를 연결시킴으로써 이사회에 참석한 이들에게 자신이 구조조정 업무에 적임자라는 사실을 자신 있게 전달한다. 부끄러움과 주저함 따위는 찾아볼 수 없었고, 그 순간 모두의 비웃음을 한순간에 잠재웠다.

모두가 꼼짝 못 하고, 반박하지 못했던 이유는 김과장이 업무의 핵심을 정확하게 파악하고 있었기 때문이다. 비유는 수단이다. 어떻게 잘 표현했냐가 핵심이 아니라 얼마나 확실하게 잘 이해했냐가 핵심이다. 정확하고 깊이 있는 이해에서 설득력이 나온다.

- B2B영업 업무는 고객사의 세분화된 니즈를 파악하고, 최적의 대안을 제시함으로써 고객의 요구에 기민하게 대응하는 일인 만큼 고객 니즈 파악 능력과 소통력이 중요합니다.

- 품질관리 직무는 차량 완성도를 좌우하는 최종 관문으로, 작은 오차만으로도 큰 사고, 고객 신뢰 저하로 이어질 수 있는 만큼 작은 실수도 놓치지 않는 꼼꼼함이 중요합니다.
- 공정기술 직무는 다양한 공정 파라미터 데이터를 분석해 문제원인을 찾고, 개선안을 도출해야 되는 직무인 만큼 공정 지식과 데이터 기반 분석력이 중요합니다.

그럴싸하지만 뻔하다. 명문대, 국립대, 해외대학 등 스펙 좋은 지원자들의 자소서라고 해서 크게 다를 바가 없다. 대략적인 수준의 깊이 없는 직무 이해에 뻔한 역량 키워드를 제시하고는 얼른 본인의 경험을 키워드에 끼워 맞추는 데 집중한다. 심지어 마케팅, 인사, 생산, 설계 등 직무와 관계없이 동일한 직무역량이 제시되는 경우도 파다하다. 분석력, 소통력, 적극성, 문제해결력, 돌발상황 대처 능력 등등이 해당한다. 사실 어느 산업, 어느 직무, 심지어 어느 직업에나 적용되는 역량들이다. 당연하다. 특정 직무에만 필요한 역량이 아니라 어디에나 필요한 '기본 소양'이기 때문이다.

'채용에 있어서 가장 중요한 부분이 뭐냐' 했을 때 지원자들 머릿속에 가장 먼저 떠오르는 내용은 '직무 전문성이 중요하다'이고, 그래서 가장 많이 하는 질문은 '어떻게 제 경험을 직무랑 연결해야 할지 모르겠어요'다. 조급한 마음이 앞서다 보니 충분히 의심할 수 있는 부분들조차 깊이 생각해보지 않게 되고, 뻔한 주제의 자소서와 탈락이라는 결과로 이어진다.

옴스잡스의 스펙을 뛰어넘는 자소서

앞서 나라는 제품과 산업/직무라는 고객 이해 수준의 깊이에 따라서 더 세밀하고, 차별화된 논리를 도출할 수 있음을 강조했던 만큼 2장을 통해 '나'를 새롭게 고찰하는 데 집중하고, 4장에서는 직무 자체를 어떻게 더 깊게 이해할 것인가에 집중해보는 게 좋다. 직무 관점이 무디거나 경험과 직무 간의 접점이 보이지 않는다는 건 그만큼 깊고, 세심하게 파고들지 않았다는 방증이다.

여러분들의 직무 이해는 깊이가 있습니까?

[1] 돈을 다루기 때문에 꼼꼼함과 책임감이 중요한 일

회계 직무는 회사의 전반적인 돈의 흐름을 다루는 핵심 부서라고 생각합니다. 결국 기업이라는 게 숫자로 말하는 조직이잖아요. 매출, 비용, 이익 이런 것들을 정확하게 관리해야 회사가 제대로 돌아갈 수 있고요. 그래서 회계는 꼼꼼함과 책임감이 가장 중요하다고 생각합니다.

특히 재무제표를 작성하는 과정에서 숫자 하나하나가 회사의 신뢰도랑 직결된다고 보거든요. 외부 감사도 있고, 공시도 해야 하고, 이런 것들이 다 회계에서 시작된다고 생각합니다. 그래서 저는 회계 직무가 단순한 숫자 관리가 아니라 회사의 기반을 지탱하는 중요한 역할이라고 생각하고 있습니다.

[2] 작업자의 생명과 회사의 신뢰와 직결되는 일

안전 직무는 말 그대로 사람의 생명과 직결된 굉장히 중요한 직무라고 생각합니다. 요즘 산업 현장에서 안전사고가 많이 이슈가 되고 있잖아요. 그래서 안전 관리가 기업 이미지에도 굉장히 큰 영향을 미친다고 생각합니다.

작업자들이 안전 수칙을 잘 지킬 수 있도록 교육도 하고, 현장을 수시로 점검하면서 위험 요소를 사전에 제거하는 역할이라고 생각합니다. 사고가 한 번 나면 회사에도 큰 손해가 가고, 사회적으로도 문제가 되기 때문에 예방이 가장 중요하다고 생각합니다. 그런 의미에서 안전 직무는 회사의 신뢰와 직결된 필수적인 역할이라고 보고 있습니다.

[3] 완성도를 높여 기업경쟁력을 높이는 일

품질 직무는 제품의 완성도를 책임지는 역할이라고 생각합니다. 아무리 좋은 기술과 아이디어가 있어도 품질이 안 좋으면 고객이 외면하게 되잖아요. 그래서 품질은 기업 경쟁력의 핵심이라고 생각합니다.

불량을 사전에 방지하고, 문제가 발생했을 때 원인을 분석해서 개선하는 역할이라고 생각합니다. 특히 고객 클레임이 발생하지 않도록 철저하게 관리하는 게 중요하다고 생각합니다. 요즘은 글로벌 시장도 중요하다 보니 품질 기준도 점점 높아지고 있어서, 품질 직무의 중요성은 앞으로 더 커질 거라고 생각합니다.

[4] 회사 전반을 아울러 효율성을 제고하는 중요한 일

물류 직무는 제품이 고객에게 전달되기까지의 모든 과정을 책임지는 직

무라고 생각합니다. 아무리 좋은 제품을 만들어도 제때 배송이 안 되면
고객 만족도가 떨어지잖아요. 그래서 물류는 회사의 경쟁력을 좌우하는
중요한 요소라고 봅니다.

재고를 효율적으로 관리하고, 물류 비용을 줄이면서도 빠르게 배송하는
게 핵심이라고 생각합니다. 특히 요즘은 고객들이 빠른 배송에 익숙해
져 있어서 물류의 역할이 점점 더 중요해지고 있다고 생각합니다. 이런
부분에서 물류 직무는 회사의 운영 효율성을 높이는 데 큰 기여를 한다
고 생각합니다.

직무별 기본적인 이해와 함께 직무 중요성에 대한 인식이 잘 드
러난 사례라고 생각할 수 있다. 하지만 잘 보면 직무별로 개괄적 수
준어서의 기능, 역할에 대한 언급과 함께 '없어서는 안 된다', '중요
성을 갖는다' 정도의 존재의 필요성을 강조하는 표현 정도만 붙인
내용들일 뿐이다. 핵심은 '깊이와 디테일'이다. 차별화된 직무 정의
와 역량 제시도 거기서 시작된다.

[1] 숫자를 관리하는 것이 아니라 숫자의 의미를 해석하고, 검증하는 일

회계 직무의 본질은 숫자를 맞추는 것이 아니라, 회사의 의사결정이 왜곡되지 않도록 기준과 해석의 일관성을 유지하는 역할이라고 생각합니다. 같은 거래라도 어떤 기준으로 인식하느냐에 따라 손익과 재무상태가 완전히 달라질 수 있기 때문에, 회계는 단순 기록이 아니라 판단의 영역에 가깝다고 봅니다.

특히 현업 부서가 성과를 강조할수록 회계는 '지금 이 숫자가 맞는가'보다 '이 숫자가 회사의 실질을 제대로 반영하고 있는가'를 고민해야 하는 역할이라고 생각합니다. 그래서 회계는 경영진에게 불편한 질문을 던질 수 있어야 하는 직무라고 인식하고 있습니다.

[2] 사고를 막는 사람이 아니라, 사고가 나지 않는 구조를 만드는 사람

아무리 좋은 제도를 만들고, 현장을 방문해 안전의 필요성을 강조해도 결국 다시 또 사고는 발생합니다. 이는 규정이 없어서가 아니라 규정을 알고 있음에도 현장에서는 일정, 생산성, 비용 압박 때문에 규정이 무시되는 순간들이 발생할 수밖에 없기 때문입니다. 때문에, 안전은 개인의 태도 문제가 아니라 조직 전체가 안전을 '업무 방식의 일부'로 함께 인식하고, 자발적으로 참여할 수 있는 문화와 시스템을 만드는 게 핵심이라고 생각합니다. 이를 위해서는 법규나 규정뿐만 아니라, 현장의 실제 작업 흐름, 각 부서 간의 이해, 그리고 개별 직원들의 업무 평가가 어떻게 이뤄지는지까지 면밀하게 파악하는 게 중요합니다.

옴스잡스의 스펙을 뛰어넘는 자소서

[3] 불량을 찾고 개선하는 일이 아니라, 문제가 반복되지 않도록 시스템을 만드는 일

품질 직무는 불량을 찾아내는 역할이 아니라, 왜 같은 문제가 반복되는지를 구조적으로 끊어내는 역할이라고 생각합니다. 불량이 발생하기 전에 조기에 설계 및 공정 단계에서부터 발생 가능한 원인을 찾고 개선하는 것이 핵심인 이유입니다. 이를 위해서는 새로운 설계와 생산 공정 도입 및 조건 변경과 같은 변화를 통해 파생되는 문제점이 무엇이 있을지를 공학적으로 사전에 예측할 수 있는 것이 중요하며 이를 위해서는 단순히 품질 업무에 대한 이해를 넘어선 설계, 구매, 생산 등 폭넓은 이해를 위한 지속적 노력이 필요합니다.

[4] 효율성을 개선하는 일이 아니라, 기업의 사업/재무 효율성을 높이는 일

물류 직무의 본질은 빠르게 보내는 것이 아니라, 회사의 자본을 얼마나 빠르게 순환시켜 기업의 성장에 기여할 수 있느냐에 있다고 생각합니다. 재고는 곧 비용이고, 동시에 리스크이기 때문에 물류는 단순 운영이 아니라 재무 구조와 직결된 영역이기 때문입니다. 그래서 재고를 최소화하고, 회전율을 높이는 것이 핵심이며 같은 재고도 성격에 따라 관리 방식이 달라지는 만큼 회사에서 판매하는 상품과 제품의 소비 주기, 수요 변동성, 그리고 공급 리드타임에 대한 이해가 필수적이라고 생각합니다.

직무 이해의 깊이가 다르다. 여러분이 채용 담당자라면 누구를 뽑겠는가? 위의 사례들이 눈에 띄는 이유는 차별화된 직무 정의 때문이 아니다. 직무를 깊이 있게 고찰한 흔적이 글 곳곳에 드러나기 때문이다.

지원자들에게 필요한 것은 회사에서 제공하는 직무 소개와 현직자 인터뷰를 분석해 필수역량 키워드를 도출하는 것이 아니다. 정확한 직무 이해를 바탕으로 자신이 생각하는 필요역량을 자유롭게 제시하는 것이다. 뻔한 내용을 가져다 쓰는 것은 오히려 역효과를 낼 뿐이다. 제시한 사례들처럼 직무에 대한 깊은 이해와 논리를 제시하기 위해 필요한 과정을 살펴보자.

 옴스잡스의 스펙을 뛰어넘는 자소서

관심을 어필하기 전에
직무 이해의 깊이를 더하라

제대로 된 직무 지식을 쌓고자 노력하는 것은 직무를 정확하게 이해하기 위한 선행 과정이다. 지원하는 직무에서 하는 일조차 제대로 이해하지 못하고 추상적인 설명만 반복하는 지원자의 관심을 믿어줄 인사 담당자들은 없다.

직무를 정확하게 이해한다는 것은 현직자들이 하는 실제 업무를 100% 알고 있어야 한다는 의미는 결코 아니다. 해당 직무에서 수행하게 되는 업무 영역 전반을 구체적으로 파악하고, 거기서 파생되는 각각의 업무가 어떤 역할과 의미를 갖는지 이해하는 것을 말한다.

업무 전반에 대한
이해가 먼저다

인사 업무에 관심을 갖고 있는 지원자들에게 '인사 업무는 무엇이냐'는 질문을 던지면 보통 '채용'이라고 답변한다. 그러나 이 한마디만 한다면 금세 담당자들 눈 밖에 나기 쉽다.

인사 업무는 단순히 사람을 뽑는 것을 넘어서 '인적 자원을 활용해서 조직의 목표를 달성하는 것'을 목표로 하는 일이며 인사조직관리, 조직설계, 동기부여, 리더십, 성과관리, 노사관계까지 다양한 영역을 포괄하는 개념이다.

여기서 끝이 아니다. 채용만 하더라도 채용 방식에 따라 공채,

| 인사의 정의 |

조직행동론에서 '인사(人事)'는 단순히 사람을 뽑고 관리하는 차원을 넘어, 조직 목표 달성을 위해 '인적 자원(Human Resource)'으로서 개인과 집단의 행동을 이해, 예측, 통제하고 효과적으로 활용하는 체계적인 활동과 학문 분야를 의미하며, 인사조직관리 (HRM/HRD), 조직설계, 동기부여, 리더십, 성과관리, 노사관계 등 다양한 영역을 포괄합니다.

조직행동론적 관점에서의 인사 정의

- **인적 자원 관리(HRM):** 조직의 핵심 자산인 인력을 채용, 개발, 보상, 유지하며 조직의 성과를 극대화하는 총체적 과정.

- **행동의 이해와 예측:** 개인의 가치관, 신념, 동기부여, 집단역학 등을 연구하여 조직 내 인간 행동을 설명하고 예측하며 통제하는 기술 연구.

- **목표 달성:** 적재적소 배치, 동기부여 시스템 구축, 효과적인 성과 관리 등을 통해 조직의 목표 달성을 지원하는 시책을 연구하고 운영함.

출처: 구글 검색

옴스잡스의 스펙을 뛰어넘는 자소서

특채, 수시, 추천, 내부 채용 등이 있고, 고용 형태에 따라서 정규직, 계약직, 인턴으로 구분되며 고용 대상에 따라서 신입, 경력으로 구분되기도 한다. 당연히 채용 방식이나 형태마다 진행하는 배경과 목적이 다를 수밖에 없고, 이에 따라 채용 시 중요한 평가 항목과 선발 기준 또한 달라질 수밖에 없다.

영업 직무 지원자의 경우 B2C영업, B2B영업, 영업관리, 채널영업의 차이를 구분하지 못하는 경우도 많고, 영업에 있어서 고객 니즈 분석이 중요하다는 키워드만 강조할 뿐이다. 다양한 관점에서 시장을 분석하고, 경쟁사의 동향 파악을 파악하고, 고객들의 세크먼테이션(segmentation, 시장 세분화)은 어떻게 이뤄지고, 특정 고객군이 갖는 특성은 무엇이고 어떤 채널에서 어떤 영업 전략을 전략적으로 펼칠 것인지 구조화된 관점 자체가 없는 경우가 대부분이다.

마케팅이라고 한다면 온·오프라인을 통해서 팝업 스토어를 기획하고, 다양한 콘텐츠 전략으로 고객들의 관심과 유입을 이끄는 것만을 의미하지 않는다. 시장 조사와 분석부터 상품기획, 가격 전략, 채널 전략, 프로모션 전략, 고객관리까지 포괄하는 개념이고, 브랜딩, 퍼포먼스 마케팅, 디지털 마케팅, 콘텐츠 마케팅 등도 결국 마케팅에서 파생된 개념들일 뿐이다.

공대 직군을 기준으로 본다면 품질 직무가 단순히 문제 발생 시 원인을 찾고, 개선하는 것을 넘어서 품질경영, 품질기획, 품질관리, 품질보증까지 다양한 업무를 포괄하는 개념이고, 전사적, 시스템적 차원에서 품질이 개선될 수 있도록 업무 프로세스와 체계를 새롭게 수립하고, 개선하는 과정이 포함된다. 생산은 생산기획, 생산기술, 생산관리 등을 포괄하는 개념으로, 신규 공정, 설비의 도입부터 공장 레이아웃의 설계, 생산 계획과 작업자의 배치, 운영, 설비 유지, 보수, 운영 등을 포함하는 넓은 개념이다. IT 개발·운영 직무는 일반적으로 알고 있는 신규 서비스의 개발 이외에도 기존 시스템의 유지·보수, 그리고 사내 직원들의 각종 IT 관련 민원, 문의사항에 대응하는 역할을 포함하는 개념이다.

수행하게 될 업무의 범위는 100인데 고작 2~3 정도의 초보적인 수준의 이해를 내세우며 적극성만으로 업무를 잘할 것이라고 자신하는 것은 무서운 착각이다. 욕심을 부리기 전에 기본부터 채워야 한다. 이미 충분히 알고 있다는 자신감을 갖기에는 아직 이르다. 끊임없는 자기검열적 자세로 자신의 직무 지식착각을 점검하며 더 깊이 학습하고, 파고들려는 노력이 쌓일수록 경쟁자들이 따라올 수 없는 날 선 직무 관점은 자연스럽게 따라올 것이다.

직무역량은 제약 없이 마음껏 제시하라

마지막 단계는 직무 학습을 토대로 갖춘 직무 이해를 다양하게 제시해보는 것이다. 여기서 주의할 점이 있다. 내가 가진 경험이나 이력을 생각하면서 직무역량을 도출하려고 하면 안 된다는 점이다.

ⓐ IPO는 대한민국 경제를 살리는 일이라고 생각합니다. 제4차 산업혁명이 도래하면서 기술력 하나만으로 세상을 바꿀 수 있는 시대가 되었습니다. 하지만 많은 회사가 자금의 부족 때문에 기술개발 및 상용화에 어려움을 겪고 있습니다. IPO는 이같이 잠재력 있는 회사들을 발굴해 시장에 데뷔시킴으로써 기술개발 및 성장에 필요한 자본을 확충할 수 있는 기반을 만들어줄 수 있고, 이를 통해 대한민국 기업 경제의 활성화도 이끌 수 있다고 생각합니다.

ⓑ 저는 '영업'이란 '관계'를 통해 매출을 도출하는 일이라고 생각합니다. H사의 영업 업무는 결국 사람과 사람 간의 계약을 통해 이루어집니다. 그사이 끊임없는 대화와 설득, 그리고 작은 협상을 통해 계약을 이루어 나가야 할 것입니다. 그렇기에 영업은 결국 고객과의 관계를 고객사의 규모, 형태, 사업영역 등 각기 다른 특성에 맞게 어떻게 이끌고 나가는지가 결과에 직접적인 영향을 미치는 업무입니다.

ⓒ 사람이 바로 서야 회사가 바로 설 수 있습니다. 그리고 회사의 인재들이 바로 설 수 있게 하기 위해서는 회사의 핵심가치와 비전, 계획에 대한 정확한 이해를 바탕으로 이를 실현시킬 수 있는 적합한 인재를 선발해야 합니다. 또한 필요한 교육과 개발, 끊임없이 노력하고 발전할 수 있는 회사 내 환경 조성, 평가 체계를 구축할 수 있는 HR 부서의 치열한 고민과 노력이 필요하다고 생각합니다.

구체적 직무 이해를 활용해서 주관적으로 필요하다고 생각되는 역량을 제시한 사례다. 도전정신, 소통, 창의력, 분석력, 책임감 같은 역량 키워드들을 신경 쓸 필요는 없다. 내 깊은 직무 이해 수준을 보여주는 것이 핵심이지, 키워드가 핵심이 아니다.

이쯤 되면 아마 "결국 직무 이해를 경험이랑 연결해야 어필되는 것 아닌가요?"라는 의문이 들 것이다. 재차 강조하지만 세상에 중요하지 않은 역량은 없고, 뭐든 제시해서 설득력 있게 연결만 하면 그만이다.

ⓐ를 통해 필요하다고 생각하는 역량을 나름대로 제시해보자면, IPO의 가능성이 있는 기업을 발굴하려면 제4차 산업에 대한 지식이 우선적으로 필요할 수 있다. 또한 대상 기업의 잠재력을 제대로 파악할 수 있는 평가 및 실사 능력이 필요하다고 이야기해볼 수 있으며, 잠재성 있는 기업을 찾아 IPO 참여를 이끌어낼 수 있는 논리적인 설득력이 필요하다고 이야기해볼 수도 있을 것이다.

ⓑ를 통해 영업에 필요한 역량을 나름대로 제시해보면, 굳이 사람을 좋아한다는 식상한 역량만 제시해볼 수 있는 게 아니다. 짧지 않은 기간 동안 묵묵히 관계를 다져갈 수 있는 끈기가 있다고 말할 수도 있으며, 다양한 사람과 관계를 맺고 이를 체계적이고 효율적으로 관리해 나가는 자신만의 관계 관리 능력을 언급할 수도 있다.

ⓒ에서 언급한 인사 직무에 대한 역량을 보자. 적게는 수백 명, 많게는 수천, 수만 명의 인사 정보와 성과, 급여, 복지 등을 관리하기 위해서는 데이터 관리 능력이 필수적일 것이다. 적재적소에 필

요한 인재를 뽑아 넣기 위해서는 사람에 대한 관심이 아니라 해당 직무마다 요구되는 업무 성격의 이해가 더욱 중요하다고 할 수도 있다. 태생적으로 사람을 좋아하고, 다른 사람들의 상담소 역할을 자처했다는 식상한 접근은 당장 버리는 게 좋다.

경험을 나열하지 말고, 관점으로 경험을 해석하라

절대 놓쳐서는 안 되는 포인트가 있다. 다양하게 도출해본 직무 이해와 해석은 설령 내게 관련된 경험이 없더라도 그 자체로 매우 중요하다. 직무 학습과 이해의 목적을 잊어서는 안 된다. 고작 내 경험이랑 연결할 수 있는 역량 키워드 찾겠다는 목적으로 직무 관련 전문 서적을 치열하게 탐독할 필요는 없다. '직무 관련 경험'이 아니라 '직무에 대한 깊은 이해'가 업무를 수행할 수 있는 관점이자 실력이 될 수 있고, 그렇게 실력으로 스펙초월을 할 수 있다는 것이 핵심이다.

지금까지의 사례들처럼 제시된 구체적인 직무 이해는 '내가 앞으로 업무를 수행할 때 중요하게 생각하는 관점'이 되고, 이는 '입사 후 포부', '회사 생활 목표' 등을 묻는 질문에 대한 답변이 될 수 있다. '회사 매뉴얼 빠르게 습득하고, 전문성 쌓아서 회사에 기여하겠다.' '항상 데이터 관점 지향하면서 끊임없이 인사이트를 도출할 수 있는 인재가 되겠다.'와 같은 공수표는 누구나 날릴 수 있다. 결국 '어떤 일을, 왜 해야 한다고 생각하고, 그래서 이걸 어떻게 할 것인지'에 대한 구체적인 이해를 갖춘 지원자가 업무를 수행할 준비가 된 지원자다.

갈수록 1차 면접의 벽이 높아지고 있다. 1차 면접은 일반적으로 실무, 직무역량을 검증하는 전형으로 PT면접을 진행하는 기업들이 늘고 있고, 어렵게 서류를 뚫었지만 나름대로 문제도 잘 풀고, 대처했다고 생각했는데도 탈락의 고배를 마셨다고 답답함을 호소하는 지원자들이 늘고 있다. 결국 탈락의 이유는 '직무 관점 부족'이다. 내 기준에서 경험과 지식을 총동원했다고 한들 체계적, 구조적으로 문제의 원인을 명확하게 파악하고, 직무 개념과 지식을 활용해서 해결책이나 대안을 제시하지 못했다면 채용 담당자들의 기준을 만족시키기는 어렵다. 안타깝지만 계속 조급함만 앞서 어떻게 내 경험을 연결해서 어필할 수 있을까만 고민하는 지원자들은 아무리 많은 시간을 취업 준비에 쏟아도 탈락의 수렁에서 벗어나기 어려운 이유다.

자신에게 없는 역량이라고 지레짐작하며 새롭게 해석해보고, 자유롭게 관점을 던지는 것을 스스로 막지 말자. 직무 관점과 해석이 확대되는 과정에서 처음에는 보이지 않았던 경험, 에피소드와의 접점들도 하나씩 보이기 시작할 것이다. 섣부른 판단과 속단은 금물이다. 직무역량의 제시가 먼저, 그다음이 경험에 대한 해석이다.

 옴스잡스의 스펙을 뛰어넘는 자소서

다양한 경로로 정보를
습득하고 학습하라

주변에 관심이 가는 상대가 생겼다면 다양한 정보원을 활용해 상대 방에 대한 정보를 얻고 싶은 마음이 생기게 마련이다. 취향을 파악해보고자 SNS를 찾아보거나 친구를 통해 좋아하는 음식, 선호하는 착장, 자주 가는 장소에 대해 물을 수도 있을 것이다. 누구든 좋아하는 대상이 생기면 적극적으로 더 많이 알고 싶고 가까워지고 싶은 것이 사람 마음이다.

그런데 직무를 대하는 자세에 있어서만큼은 지원자들의 언행은 표리부동하다.

옴스　　　직무 공부 많이 해보셨나요?

| 지원자 | 네, 커피챗으로 현직자도 10명 넘게 만났고요. 관심 있는 회사들 채용페이지는 전부 찾아서 현직자 인터뷰 찾아보고, 직무 설명이랑 역량이랑 싹 다 조사하고, 정리했습니다. 이번에는 지금 부트캠프에 참여해서 현업에서 사용하는 툴도 직접 써보면서 실습도 해보고 있습니다. |

옴스 혹시 개념서나 전공서적으로는 공부 안 하셨나요?

지원자 아, 아무래도 현업에서 뭘 하고 있는지를 아는 게 중요할 것 같아서요.

옴스 현업에서 뭘 하고 있는지 아는 게 중요할까요? 아니면 현업에서 어떤 업무를 맡더라도 핵심을 파악해서 수행해 나갈 수 있는 지식과 이해가 중요할까요? 이번에 학습하신 툴이 다른 회사에서도 쓰는 툴이 아니면 어떻게 될까요? 그 툴의 기능 몇 가지 써본 게 중요할까요, 그 툴을 다루기 위해 필요한 기본적인 공학 지식이나 개념적인 이해가 더 중요할까요?

지원자 …

지원 직무에 대한 관심을 강하게 어필하는 것과는 달리 모든 노력은 '취업'을 위한 활동들일 뿐 온전히 직무를 깊게 이해하기 위한 활동은 보이지 않는다. 결국 관심 업무를 잘 수행해낼 수 있는 실력을 키우고 싶은 것이 아니라 '그 자리'에 들어가고 싶은 마음만 앞서기 때문에 현업에 어필될 만한 거리를 찾는 데 많은 시간을 허비하게 된다. 겉으로는 그럴듯해 보이지만 내실은 없는 빈 껍데기가

   옴스잡스의 스펙을 뛰어넘는 자소서

되어서는 안 된다. 기초부터 탄탄하게 직무 이해를 다시 쌓고, 스펙 초월의 기반을 만들어보자.

기업 채용페이지의
올바른 활용법

채용페이지는 많은 지원자가 현업에서 필요로 하는 역량이나 하루 일과, 현직자가 강조하는 직무역량이나 키워드 등을 파악하기

| 한화그룹 직무소개 |

경영지원	영업/마케팅	금융/자산운용	기술/엔지니어	R&D	IT	기타
· 해외사업	· 영업관리	· 재무심사	· 생산	· TS&D	· IT 일반	· 인턴십
· 통계	· 수출입영업	· 보험심사	· 주택사업	· 공정연구	· IT 설계/개발	· 메뉴개발
· 법무영업	· MD/Buyer	· 대체투자	· 토목	· 소재연구	· IT 연구	· 여신관리
· 개인영업	· 국내영업	· 계리	· 인허가	· 연구개발	· IT 운영/서비스	· 수신
· 특허	· 디자인	· 신용평가	· 건축	· 연구기획	· IT 컨설팅	· 부동산자산관리
· IR	· 마케팅	· 금융상품 개발	· 생산관리	· 제품개발		· 선수단운영
· CS	· 영업지원	· 금융지원	· 생산기술			
· 감사	· 해외영업	· 리서치	· 생산지원			
· 구매/물류	· 금융영업 지원	· 리스크관리	· 시공			
· 기획	· 금융영업-개인	· 심사	· 시설관리			
· 방산원가	· 금융영업-법인	· 자산운용	· 개발사업			
· 법무			· 품질관리			
· 인사			· 플랜트			
· 재경/재무			· 환경/안전/보건			
· 총무						
· 홍보						

출처: 한화인 채용사이트(hanwhain.com)

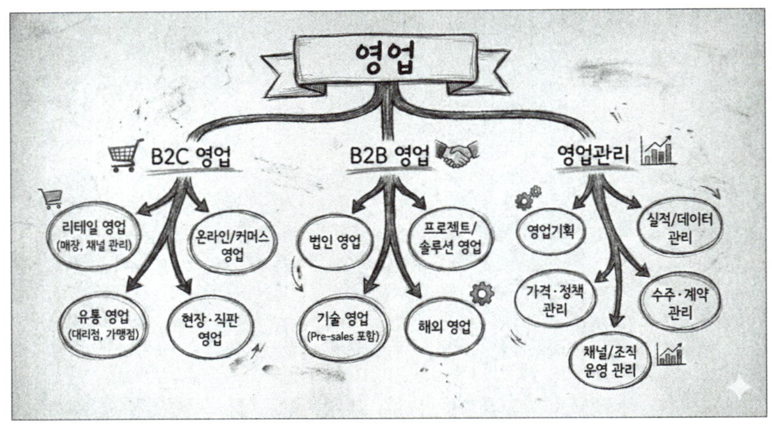

출처: Gemini

위한 목적으로 많이 활용한다. 하지만 채용페이지는 지원 직무 전반과 개괄적인 이해를 목적으로 하는 게 좋다. 이미 앞서 수없이 강조했듯 어느 직무에나 필요한 보편적인 직무역량 키워드의 파악은 아무 의미가 없다. 그리고 똑같은 직무임에도 불구하고, 회사마다 업무 범위와 성격이 조금씩 차이가 있기 때문에 특정 회사를 기준으로 직무를 정리하기보다는 여러 회사 채용페이지를 보면서 공통적으로 등장하는 내용을 기준으로 직무 체계를 정리한 뒤에 회사별로 차이가 나는 부분을 별도로 정리해 나가는 게 좋다.

처음에 취업 준비를 시작하고, 직무를 설정할 때는 세부 직무로 설정하기보다는 포괄적으로 시작하는 게 좋다. 앞서 언급했던 영업, 마케팅 직무가 대표적이다. 'B2C채널영업', '디지털마케팅'과 같이 세부 직무를 선택해서 취업 준비를 하게 될 경우 연관된 직무로 확장해서 지원하기가 쉽지 않다. 하지만 마케팅 자체를 개념적으로 탄탄하게 학습한 지원자라면 상품기획, IMC마케팅, 프로모션 기획 등으로 빠르게 전환도 가능하다.

이처럼 최대한 넓은 범위에 걸쳐 세부 업무에 대한 이해를 갖추게 된다면, 각 회사의 지원공고에 기입된 직무 설명만 봐도 어떤 업무와 기능을 수행하는지 단박에 알아챌 수 있는 내공을 지니게 된다.

생생한 업무 이해를 돕는 직무 인터뷰

채용페이지에는 보통 '직무소개'와 '직무(현직자) 인터뷰'로 구분되어 있는 경우가 많다. 직무소개를 통해서 앞서 언급한 개괄적 직무 이해를 높이고, 직무 인터뷰를 통해서는 직무소개 부분에서 언급된 업무 내용이 어떻게 이뤄지는지 유추해보거나 언급되지 않았던 업무 내용에 대해서 추가로 확인하면서 현업에서 수행하게 될 구체적인 업무 내용을 가늠해보는 것이 핵심이다. 최근에는 유튜브를 통해서 더욱 생생하게 정보를 전달하는 기업들이 많기 때문에 회사별로 운영 중인 채널이 있는지 참고해봐도 좋다.

다만 직무 인터뷰를 참고할 때는 '업무 이해를 높이기 위함'이

| 현대자동차 인재채용, 원가기획 직무 인터뷰 |

Q. 직무가 가지는 강점은 무엇이라고 생각하세요?

일반적으로 재경이라고 하면 숫자를 주로 다루기 때문에 다소 지루할 것으로 생각하시는 분이 많으실 텐데요. 원가기획 직무의 경우에는 신제품이나 차량 개발을 구상하는 단계에서부터 실제로 양산하는 시점까지 관여하기 때문에 생각보다 굉장히 액티브한 직무라고 생각합니다. 특히, 저희 현대자동차는 내연기관차 뿐만 아니라 전기차, 수소전기차까지 다양한 라인업을 갖추고 있고, 해외의 수많은 지역에 법인을 설립해서 생산하고 수출하고 있기 때문에 글로벌 시장에 대한 다양한 경험 또한 가능하다는 점이 장점인 것 같습니다. 그리고 컨셉 클리닉이나 국내/외 모터쇼 참관 등 차에 관심이 많은 분이시라면 흥미로우실 만한 여러 기회가 있다는 점도 강점이라고 생각합니다.

Q. 직무 수행 시 중요한 역량은 무엇인가요?

아무래도 원가기획 직무는 여러 조직 담당자분들과 함께 협업하는 과정이 일상이다 보니 소통 능력이 꽤 중요하다고 생각합니다. 저희가 분석한 결과물을 설명하고 논의하는 자리도 잦은 편이고요. 논리적으로 본인 또는 팀의 의견을 전개하고 설득해야 하는 경우도 굉장히 많습니다. 그리고 무엇보다 논리적인 의견 전개를 위해서는 아무래도 데이터를 꼼꼼히 살피고 분석하는 분석 능력도 필요하다고 생각됩니다. 원가를 구성하는 재료비, 가공비나 판매관리 비용 등 저희가 다루는 기본적인 데이터가 방대한 편이기 때문에 이러한 데이터들을 상세히 분석하고 가공해서 수익성을 검토하는 분석 능력이 요구된다고 생각합니다.

출처: 현대자동차 인재채용(talent.hyundai.com)

목적임을 잊어서는 안 된다. 상기 내용은 현대자동차 인재채용 페이지에 있는 직무 인터뷰 중 일부다. 예를 들어 '액티브한 직무다', '여러 조직 담당자들과 함께 협업해 소통 능력 중요', '데이터를 살피고, 분석하는 능력' 등에 집중하는 것은 좋지 않다. '액티브한 직무'라는 건 성격의 일부일 뿐이다. 그리고 영업, 마케팅이나 인사, 생산과 같이 액티브한 직무는 얼마든지 있다. 또한 다른 모든 직무에서도 소통력과 분석력은 필요하다. 우리한테 필요한 정보는 구체적으로 원가기획에서 어떤 식으로 원가를 산정하며 어떤 자료들을 검토하고, 어떤 부서들과 어떤 협의를 거치는지에 해당하는 내용이지, '어떤 뻔한 역량이 필요한지'가 아니다.

옴스잡스의 스펙을 뛰어넘는 자소서

저는 재무실 자금그룹에서 원화자금 입금 및 법인카드 업무를 맡고 있습니다. 재무실은 자금, 회계, 세무, 원가, IR그룹으로 나뉘어 있는데 자금그룹은 회사의 자금 관련 업무를 총괄하는 부서입니다. 제가 속한 원화자금 파트는 매일 이루어지는 수많은 입출금 거래를 관리하는 부서로, 기간별 자금 수입과 지출 전망에 따라 단기자금을 운용하고 조달하는 업무를 담당하고 있습니다. 실질적인 자금 거래를 관리하고 책임지기 때문에 **매일매일 긴장과 함께 업무를 해야 하는 부서이기도 합니다. 한순간의 실수가 회사의 손실로 이어질 수 있기 때문이죠. 하지만 회사의 여러 직원들이 노력해 창출한 경영활동의 결과물을 직접 눈으로 볼 수 있기 때문에 많은 것을 배울 수 있기도 합니다.**

위의 포스코 자금팀에서 근무하는 현직자의 인터뷰를 참고하면 재두팀 내 자금그룹에서 어떤 세부 업무를 담당하고 있는지 이해할 수 있다. 자금 수출입 수지를 정확하게 파악하고, 필요한 자금을 조달하거나 적절하게 운용하는 업무를 담당하게 된다. 굵은 글씨로 처리된 부분은 현직자가 현업에서 느끼는 개인적인 감정으로, 해당 직두에 대한 지원자의 주관적 생각일 뿐이기 때문에 굳이 참고할 필요는 없다. 실제로 중요한 정보는 밑줄 친 부분으로, 해당 직무를 현실적으로 이해할 수 있도록 돕는 내용이다.

이렇게 직접 경험해보지 못했거나, 혼자 정리했던 직무 지식에서 이해가 되지 않는 내용을 이해하는 데 현직자 인터뷰가 꽤 유용하다. 비록 회사는 다르다고 하더라도 타사의 채용페이지에서 제공하는 유사 직무 담당자의 인터뷰를 통해 상세한 업무 내용을 이해할 수 있다.

맹목적인 현직자 추종은 경계하라

직무 이해를 높이는 데 있어서 현업을 경험한 현직자를 만나는 것이 가장 확실한 방법이라고 생각할 수 있지만 그렇지도 않다. 현직자를 직접 만나 이야기를 들어보는 것이 직무 이해도를 높일 수 있는 좋은 방법이 될 수도 있지만 지원자의 생각과 달리 혼란을 가중시키는 경우가 많아 주의가 필요하다. 삼성그룹과 현대차그룹의 임직원 수는 각각 20만 명이 넘는다. 계열사별로 한 직무에만 수백, 수천 명의 인원이 근무하는 경우도 파다하다. 그중 일부 인원을 만나서 관심 직군에서 수행하는 업무 전반에 대한 이야기를 듣는 건 불가능에 가깝다. 대신 직접 만난 현직자가 어떤 업무를 수행하고 있고, 자신은 어떤 직무 관점을 갖고 있는지 주관적 견해를 듣는 경우가 대부분이다.

현대자동차와 같이 수시채용 형태로 직무를 세분화하거나 경력직을 채용하는 게 아니라면 신입의 경우 대부분 직군으로 뽑아서 현업에 배치하게 된다. 기아차의 '국내사업' 직무의 경우 상품, 마케팅, 판매, 서비스, 사업지원 등 다양한 업무를 수행할 수 있고, 삼성 SDI는 '기술' 직군으로 공정기술, 소재기술, 프로세스 혁신, 생산/설비기술을 한꺼번에 채용한 뒤에 연수 과정에서 배치를 받게 된다. 즉, '특정 부서, 특정 팀'에서 무슨 일을 하고 있는지를 아는 것이 중요한 게 아니라 '관심 있는 직무'를 중심으로 '전반적인 업무에 대한 이해'를 갖추는 것이 핵심이라는 의미다.

그러니 주변에 아는 현직자가 없다고 슬퍼하거나 굳이 현직자를 만나기 위해 백방으로 주변에 수소문하고, 시간과 공을 들여 약속을 잡고, 힘겹게 찾아가 팁을 얻기 위해 안간힘 쓸 필요는 없다. 앞서 언급한 인터넷에 퍼져 있는 다양한 직무 정보를 수집하고, 현직자 인터뷰나 각종 직무 관련 도서들을 찾아보면서도 충분히 직무 이해를 높일 수 있다. 게다가 이제는 유튜브를 통해서도 양질의 콘텐츠들을 손쉽게 접할 수 있게 됐고, AI를 활용하면 어떤 궁금증도 단 몇 초면 금세 해결할 수 있다.

현직자를 만날 기회가 생긴다면 '무슨 업무를 하시는지', '무엇을 준비하면 좋을지' 같은 단편적인 정보보다는 회사의 중장기적인 방향이나 직무의 전체 체계, 전반적인 프로세스를 묻는 편이 훨씬 유익하다. 물론 이런 포괄적이고, 체계적인 직무 이해를 기반으로 이해하기 쉽게 설명해줄 수 있는 현직자는 그리 많지 않다. 주어진 일을 잘 해내는 것과 자신이 하는 일을 똑 부러지게 설명하는 능력은 엄연히 다른 영역이기 때문이다.

그래도 만약 기회가 주어진다면 부서 전체의 업무 흐름에 대해 끈질기게 물어보자. 직무소개 페이지를 보며 이해가 되지 않았던 부분을 질문하는 것도 좋은 방법이다. 핵심은 어디까지나 직무 전반에 대한 이해도를 높이는 데 있다. 주변에 아는 현직자가 없다고 해서 기죽을 필요는 없다. 오히려 현직자를 찾아다니는 수고와 번거로움을 덜어냈으니 다행이라고 생각하는 편이 훨씬 낫다.

인터넷 검색을 통해 직무 이해도를 높이자

매우 간단하지만 대부분 시도조차 해보지 않는 방법이 바로 검색이다. 다들 직무역량과 현직자들의 한마디에 의존하려고만 하다 보니 가장 가까이 있으면서도 쉬운 방법조차 놓치고 있다. 네이버 백과사전, AI 검색 등을 활용하면 개괄적인 수준에서 관심 직무의 기본적인 체계를 빠르게 파악해볼 수 있다.

그렇다고 해서 절대 개괄적인 수준의 이해에 만족하면 안 된다. 다음 페이지의 사진은 네이버 백과사전에서 '생산관리'를 검색해본 화면이다. 끝없이 꼬리에 꼬리를 물면서 다른 개념적 설명도 찾아보고, 개념적 설명 안에 포함되어 있는 세부적인 내용도 한 번 더 검색해보고, 찾아보는 과정이 중요하다. '어디에 가면 내가 원하는 정보가 떡하니 있을까?' 그런 건 애초에 존재하지 않는다. 여기저기

 옴스잡스의 스펙을 뛰어넘는 자소서

학문명백과 : 사회과학

생산관리

[Production Management]

외국어 표기　Produktionsmanagement(독일어), Gestion de la Production(프랑스어), 生産管理(한자)

목차

- 1. 개념 및 정의
    - 1) 생산관리의 의미
    - 2) 생산관리의 목적
    - 3) 생산관리의 의의
- 2. 역사와 발전단계
    - 1) 생산관리의 태동기
    - 2) 생산관리의 확립기
    - 3) 현대의 생산관리
- 3. 접근 방법 및 주요 연구영역
    - 1) 접근 방법
    - 2) 주요 학습 및 연구영역
- 4. 주요 용어 및 관련 직업군
    - 1) 주요 용어
    - 2) 관련 직업군

돌아다니면서 양질의 정보들을 끊임없이 찾고, 읽고, 판단하고, 나만의 지식 체계를 만들면서 정리해 나갈 때 누구도 따라올 수 없는 단단한 직무 이해를 갖출 수 있게 된다.

입사 후 포부는
산업·기업·직무 관심의 심화 버전

회사는 주어진 역할 수행을 통해 조직 구성원들과 함께 회사의 성장에 기여하는 곳이지 자아실현을 위한 수단이 아니다. 입사 후 포부를 묻는다는 것은 입사 후에 어떻게 회사의 성장에 기여할 것인지를 묻는 질문이다. 그렇기 때문에 "사내 교육 프로그램이 잘 되어 있는 것으로 알고 있다." "지역전문가 제도를 활용해 전문성을 키우고, MBA를 목표로 하겠다."와 같이 사심 가득한 포부는 채용 담당자들에게 철없는 대학생처럼 보이기 딱 좋은 접근이다. 사내에서 누릴 수 있는 각종 교육 프로그램과 복지에 대한 사심은 입사 후 알아봐도 늦지 않다. 되도록 채용 전형 단계에서는 회사에 어떤 기여를 할 수 있는지 산업·기업·직무 관점에서 구체적으로 접근하자.

옴스잡스의 스펙을 뛰어넘는 자소서

원론적이고 피상적인 말로는
포부를 드러낼 수 없다

입사 후 포부 작성 시 지원자들의 가장 흔한 실수 두 가지는 원론적인 업무 역할을 서술하는 데 그치거나 구체적으로 회사에 어떤 기여를 할 것인지가 뚜렷하게 서술되지 않는다는 점이다. 문제의 원인은 얕은 수준의 산업, 직무 이해에서 비롯된다. 현재 산업은 어떤 흐름 속에 있는지, 가까운 미래에는 어떤 변화들이 있을 것인지, 기업은 그 안에서 어떤 전략과 방향성을 택하고 있으며 그렇다면 직무적 차원에서는 어떤 고민과 노력이 필요한지를 이해하고 있다던 입사 후 포부는 해결된다.

고객이 미래를 계획할 때 언제든 편안하게 찾을 수 있는 증권인이 되는 것이 저의 목표입니다. 기존의 고객들뿐 아니라 자산관리가 필요한 많은 사람에게 효율적인 자산관리를 통해 고객의 삶의 목표를 달성하고 고객께 기쁨을 드리는 것이 저의 꿈입니다. 특히 어려움을 겪고 있는 분들이 안정적인 미래를 설계해나갈 수 있도록 진실로 다가가 믿음직스러운 모습으로 신뢰를 드리겠습니다.

- 미래에셋대우 지원자 '입사 후 포부'

미래에셋대우 지원자는 '효율적 자산관리', '고객께 기쁨을 드리
는 것', '믿음직스러운 모습'과 같은 수식어를 적극 활용하기는 했
으나 구체적으로 어떤 식으로 회사에 기여하겠다는 것인지를 알 수
있는 내용이 없다. 글로벌 시장에서 안전 자산의 개념이 어떻게 바
뀌고 있는지, AI 기술의 발전으로 인한 빅테크로의 자금 쏠림 현상
이 언제까지 지속되고, 어떤 양상으로 변화되리라 생각하는지, 미
래에셋대우에서는 어떤 차별화된 전략을 통해서 고객을 공략할 것
인지와 같은 구체적인 업계, 회사의 현황에 대한 이해가 없다면 뚜
렷한 목표 없는 허황된 다짐에 불과할 뿐이다.

KT Biz영업 지원자는 3년, 5년, 10년으로 목표를 구분해 구조
화된 형태로 잘 작성한 것처럼 보이지만 고객과의 적극적인 커뮤

　　　　　　　　옴스잡스의 스펙을 뛰어넘는 자소서

니케이션, 국내외를 넘나드는 신규 고객 발굴, 후배들과의 동반성장까지, 직장인이라면 누구나 추구해야 할 기본적인 소양과 역할을 설명하는 데 그칠 뿐이다. "유무선 통합과 IoT 기술 확산이 가속화될수록, 개별 상품 판매보다는 고객의 이용 환경 전체를 묶는 패키지 전략이 중요해진다고 생각합니다. KT가 이미 가정 내에 구축해놓은 네트워크·설치·관리 플랫폼을 기반으로, 인터넷·모바일·IoT 서비스를 생활 단위의 결합 상품으로 제안함으로써 고객에게는 편의를, 회사에는 ARPU의 상승을 만드는 데 기여하겠습니다. 유무선 통합 및 지속적인 IoT 기술 발전이 예상되는 만큼 다양한 유무선 상품들이 결합한 패키지 판매에 집중하고, 이를 통해 가정 내에 구축된 KT 플랫폼을 바탕으로 다양한 IoT 생활용품 판매까지 연계해나가겠다."와 같이 보다 구체적인 목표와 계획을 제시하는 게 올바른 입사 후 포부의 접근이다.

원론적인 목표보다는 구체적인 목표를, 자신의 관심사항보다는 회사에 기여할 수 있는 바를 제대로 드러내는 것이 입사 후 포부를 작성할 때 명심해야 할 점이다. 이 한 몸 바칠 테니 믿어달라고 갈구할 것이 아니라, 회사의 입장에서 나를 채용했을 때 얻을 수 있는 시너지가 무엇인지 구체적으로 상상할 수 있도록 서술해야 한다.

서울대학교 교직원 지원자의 자소서를 보면 대학교가 '학령인구 감소로 인한 재정 악화와 규모 축소'라는 과제에 직면하고 있음을 구체적으로 풀어냄으로써 대학교가 처한 상황을 먼저 드러냈다. 이러한 상황을 해결하기 위해 지원한 행정직 교직원에게 필요하다고 생각되는 업무 계획과 목표를 제시함으로써 논리적인 흐름에 맞게 입사 후 포부를 작성했다.

　　옴스잡스의 스펙을 뛰어넘는 자소서

야기하므로 해결의 필요성이 높은 사회적 문제입니다. 산업은행은 지역별 전략산업을 발굴하고 필요한 금융지원을 제공하여, 지방경제의 지속 가능한 성장 기반을 구축한다는 점에서 다른 금융기관의 방식보다 효과적이고 차별화된다고 느꼈습니다. 또한 지역성장지원펀드를 통해 민간의 투자금이 유입될 수 있도록 노력한다는 점 역시 인상적이었습니다.

따라서 입사 후 지역본부에서 근무하며 지역 기업에 적합한 금융 상품을 제공하면서, 지역별 쇠퇴 및 특화 산업에 대한 인사이트를 축적하겠습니다. 이후 지역성장지원실에서 지역 산업 체질 개선과 지역별 특화 산업 성장을 위한 금융/비금융 지원 방안을 기획하는 역할을 담당하고 싶습니다.

- 한국산업은행 금융 최종합격자

지원자가 인상 깊게 봤던 한국산업은행의 지역 균형 발전 사업에 대한 생각과 함께 어떤 분야로 성장하고 싶은지에 대한 의사와 계획을 자연스럽게 밝히고 있다. 포부를 묻는 질문은 다양하지만 결국 방향은 동일하다. 어떤 업무에 왜 관심이 있는지, 그래서 어떻게 성장해 나갈 것인지를 단계적으로 풀어내면 된다. 이는 사기업에만 적용되지 않는다. 공기업, 공공기관에도 동일하게 적용된다.

Q. 포스코인터내셔널에서 이루고 싶은 꿈을 기술하여 주십시오.
(800자)

포스코인터내셔널과 함께 수소 전소 시대를 개척할 기계 엔지니어

LNG 복합발전이 지금껏 전력 수급 안정화의 핵심축을 담당해 왔지만, 이제는 탄소중립과 에너지 자립이라는 시대적 과제에 답해야 할 때입니다. 저는 LNG 시대의 노하우를 계승하고, 수소 혼소를 거쳐 '수소 전소 발전'을 실현하여, 무탄소 친환경 전력 공급과 에너지 안보를 구축하는 데 일조하고 싶습니다.

이 꿈의 시작은 발전 설비의 완벽한 이해입니다. 먼저 가스터빈과 배열 회수보일러 등 핵심 설비의 P&ID와 운용 방식을 빠르게 익히겠습니다. 진동, 온도, 압력 등 계측 데이터 분석을 통해 정상 운전 데이터를 명확히 인지하고, 이를 바탕으로 이상 징후 포착-원인 규명-신속한 대응으로 이어지는 트러블 슈팅 능력을 기르겠습니다.

이러한 기본기를 바탕으로, 포스코인터내셔널의 에너지 전환 과정에 기여하고 싶습니다. 특히 현재 추진 중인 인천 LNG 복합발전소 3, 4호기 수소 혼소 신예화 사업은 저의 비전을 시작할 무대입니다. 기존 설비에 대한 이해를 토대로 연소 안정화, 가스터빈 연소기 교체 등 신예화 과정에서 발생하는 기술적 이슈를 해결하고 초기 운영 안정화에 기여하며 운전 안정성과 에너지 전환을 견인하는 기계 엔지니어로 성장하겠습니다. 궁극적으로는 발전 설비 운영 노하우를 가진 전문가로서 수소 전소 시대를 이끌고 싶습니다. EPC와 OEM이 제안하는 설비의 기술 사양을 검토하고, 고온 환경에서의 소재 내구성 검증, NOx 저감 평가 등을 수행하여 수소 전소 발전의 상용화를 견인하겠습니다.

– 포스코인터내셔널 엔지니어 최종합격자

첫 문단에서는 포스코인터내셔널이 추구하는 비전에 대한 공감을 제시함으로써 지원동기 및 궁극적 포부를 풀어내고, 입사 후 기본기를 탄탄하게 다진 뒤, 이후 복합발전소의 안정화를, 그리고 마지막으로는 설비 기획까지 가능한 엔지니어로 성장하겠다는 단계적인 성장계획을 완벽하게 구성했다.

관련된 경험 어필 하나 없이도 LNG복합발전 사업에서 이뤄나갈 목표와 계획을 가득 채웠다. 서류 단계에서부터 뚜렷한 관점, 명확한 근거, 피상적 키워드도 군더더기도 없이 작성된 자소서는 면접에서 날카롭고 묵직한 무기가 된다. 이렇게 3요소를 기반으로 철저하게 준비했다면 아래와 같은 면접 질문들도 어렵지 않게 준비할 수 있게 된다.

- 포스코인터내셔널을 지원한 이유는?

- 포스코인터내셔널 입사 후 성장 계획은?
- 포스코인터내셔널에 입사하게 된다면 특별히 맡고 싶은 업무는?

입사 후 포부 항목은 거의 마지막 부분에 등장한다. 이제는 그 이유를 알 수 있을 것이다. 산업·기업·직무에 대한 깊은 이해가 있어야만 앞으로의 구체적인 행동과 업무 계획을 제시할 수 있기 때문이다. 앞서 세세하게 다뤘던 산업·기업·직무 이해를 토대로 자기만의 입사 후 포부를 밝혀보자.

반드시 산업·기업·직무 이해를 모두 드러내야만 합격할 수 있는 것은 아니다. 본인이 관심 있는 분야에 대해서 얼마나 진심으로 깊이 고민해봤는지를 진정성 있게 보여줄 수 있는 선에서 목표, 계획, 맡아보고 싶은 일, 아이디어 등을 다양하게 제시해보자.

자소서는 마음껏 양껏 쓰는 '제품 설명서'가 아니라 주어진 분량 안에서 반드시 나를 뽑아야 하는 이유를 납득시키는 '촌철살인 세일즈'다. 크게 다를 바 없는 스펙과 경험, 천편일률적인 역량 키워드들이 난립할수록 깔끔, 담백하게 나만의 논리를 펴는 것이 차별화의 열쇠라는 확고한 믿음이 필요하다. 관점과 생각은 과감하게 던지고, 논리를 뒷받침하는 근거를 핵심만 간결하게 제시함으로써 차별화된 자소서를 완성할 수 있다.

5장

자소서의 핵심 3원칙: 차별화, 논리와 설득력, 디테일과 심플

Good prose is like a window pane.
힘 있는 문장은 생각을 숨기지 않는다.
— 조지 오웰

Perfection is achieved, not when there is nothing more to add,
but when there is nothing left to take away.
힘 있는 문장은 더한 결과가 아니라, 덜어낸 결과다.
— 앙투안 드 생텍쥐페리

소재가 아닌
주제로 차별화하라

차별화는
'무엇'이 아닌 '관점'

공채가 시작되면 기업마다 적게는 수천 개, 많게는 수만 개가 넘는 서류가 접수된다. AI가 도입되면서 서류 전형에서의 평가 방식에도 변화가 생길 수 있겠지만 본질은 변하지 않는다. 차별성 없는 주제의 제시, 구체적인 근거 없이 반복되는 피상적인 경험 어필 자소서들 속에서 주체적으로 생각을 제시하고, 설득하는 스펙초월 지원자들의 자소서는 더욱 빛날 수밖에 없다. 결국 AI는 주체성 없는 역량 키워드들로 가득한 자소서들을 신속하게 분류해내는 강력한 도구가 될 것이다.

자금 부족과 공연 무산 등 동아리가 처한 위기를 솔선수범해 극복하고 성황리에 행사를 마친 이야기, 동아리 또는 조모임에서 팀원들 간의 다툼으로 감정의 골이 깊어지자 중간에서 화해를 이끌어내 A+를 받거나 공모전 수상을 한 이야기는 지원자들의 자소서에 빠지지 않는 대표적인 단골 소재다. 유학생활, 교환학생을 통해 낯선 환경에 적응하며 도전정신과 글로벌 마인드를 함양하고, 연구 과정에서 포기하고 싶은 순간에도 포기하지 않고 끈기 있게 매달려 연구나 프로젝트를 마무리 짓고 성장할 수 있었다는 스토리 또한 채용 담당자들의 눈살을 찌푸리게 하는 전형적인 소재들이다.

그렇다고 나는 남들이 하지 않은 특별한 경험이 있는 것도 아닌데 어떡하라는 것이냐라고 반문할 수도 있겠지만 차별화는 '무엇'에 해당하는 '소재' 자체가 아니라 '무엇을 왜 어떻게 받아들였느냐'에 해당하는 지원자만의 사고방식과 판단 기준, 그에 따른 행동 자체가 차별화의 시작점이다.

인턴, 실무 경험 하나 없이 학부 졸업과 함께 삼성SDI 영업마케팅에 합격한 한국외국어대학교 아프리카어 전공 지원자는 교내 동아리, 아르바이트 경험 이외에 이렇다 하게 어필할 만한 경험이 없다는 생각에 취업을 준비하는 내내 위축됐다. 처음 면접 준비를 할 때는 일식집 아르바이트 경험을 활용해 손님 응대 이외에 발주, 재고관리까지 적극적으로 배우면서 성장했다며 '적극적 인재'임을 강조했지만 실무 경험을 가진 경쟁자들에 비교당할 수밖에 없다.

　　　　　　　　　　　　　옴스잡스의 스펙을 뛰어넘는 자소서

하지만 인생기술서를 활용해서 일식집 아르바이트 경험을 새롭게 돌아보는 과정에서 좁은 공간에서 여러 명이 함께 일을 하는 과정에서 소통 부족과 역할 중복으로 업무 효율이 떨어진다는 것을 발견했고, 전체적인 업무 프로세스가 어떻게 이뤄지고, 직원들이 어떻게 움직이는지를 파악해 누군가 부탁하지 않아도 내가 한발 먼저 움직여 문제를 해결했던 상황을 복기할 수 있었다. 그렇게 대한민국 취준생 누구나 갖고 있는 단순한 아르바이트 경험에서 '전체적인 업무 프로세스와 동료 업무의 이해를 통해 효율적으로 협업할 수 있는 사람'이라는 차별화된 관점을 도출해 서류 합격률을 높임과 동시에 면접관의 이목을 끌 수도 있었다.

나만의 차별화된 관점을 도출하기 위해서는 도전정신, 책임감, 주인의식, 소통능력, 배려와 희생 등 모두가 사용하는 일반적인 관점에서 경험을 바라보는 것이 아니라 자기만의 새로운 시각으로 경험을 해석해보는 시도가 필요하다. 강박과 불안에 사로잡혀 다수의 가치를 따라가는 순간 차별화는 요원해진다.

하지만 무조건 색다르고 자극적인 소재로 눈에 띄어야 한다는 의미는 결코 아니다. 지금부터 다름을 위한 다름에서 벗어나 진정한 의미의 차별화가 무엇인지, 나만의 색깔을 확실하게 보여주는 진짜 차별화 전략은 무엇인지 알아보겠다.

전형적인 사고에서 벗어나지 못하면
차별화는 시작조차 어렵다

지원자들이 차별화에 실패하는 이유는 크게 두 가지다. 하나는 '다른 사람들이 안 해본 특별한 경험이 없어서'라고 속단하며 존재하지 않는 그럴싸한 소재를 끊임없이 찾기 때문이다. 다른 하나는 자신만의 기준과 생각을 갖고 본인의 경험을 새롭게 돌아보지 않고, 산업·직무에서 어필될 만한 역량 키워드나 연결점을 찾는 데만 골몰했기 때문이다. 자신의 경험을 새로운 시각으로 바라보려는 의지도, 여지도 보이지 않는다.

차별화는 특별한 경험이나 소재의 차별화가 아닌 생각의 차별화에서 시작된다. 어필될 만한 그럴듯한 소재를 찾기 위해 힘쓰는 것이 아니라, 새롭고 낯선 시선으로 기존의 소재들을 새롭게 바라보는 과정에서 차별화된 관점이 도출될 수 있다.

[사례1]

어릴 적 부모님을 따라 해외로 유학을 가게 되면서 새로운 환경에 놓이게 되었습니다. 처음에는 언어가 잘 통하지 않아 수업을 따라가기 힘들었고, 현지 친구들과 어울리는 데에도 어려움을 겪었습니다. 외로움과 두려움에 포기하고 싶다는 생각도 들었습니다.

옴스잡스의 스펙을 뛰어넘는 자소서

하지만 이대로 물러설 수 없다고 생각한 저는 먼저 다가가는 태도를 보이기로 결심했습니다. 서툰 언어로 말을 걸고, 모르는 부분이 있으면 선생님께 직접 찾아가 끈질기게 물었습니다. 동아리 활동에도 적극적으로 참여하면서 점차 현지 문화에 적응해 나갔습니다. 그 결과 친구들과 자연스럽게 어울릴 수 있었고, 좋은 성적으로 졸업하며 새로운 환경에서도 도전하는 자세의 중요성을 깨닫게 되었습니다.

유학에 가면 당연히 낯선 상황에 직면하게 된다. 어학연수도, 교환학생도 마찬가지다. 적극적으로 다가갔다고 포장하지만 현지에서 적응하고, 어학 실력을 늘리기 위해서 필요한 기본적인 노력일 뿐이다. 현지에서의 낯선 생활이 너무 즐거웠던 지원자가 있다면? 적응은 기본이고, 타국 친구들의 사고방식을 흡수해서 포용적 사고의 중요성을 깨달은 경쟁자가 있다면? 탈락이다.

[사례2]
저는 어릴 적부터 도전보다는 안정적인 선택을 해오며 살아왔습니다. 새로운 일을 시작하는 것에 두려움을 느꼈고, 늘 주어진 환경에 머무르려 했습니다. 하지만 대학에 입학하면서 제 삶을 바꿔보고 싶다는 생각이 들었습니다.

이후 저는 이전과 달리 수동적인 태도를 버리고, 적극적으로 나서 다양한 경험에 도전하기 시작했습니다. 동아리 활동, 공모전, 대외활동 등 여러 활동에 참여했고, 적극적으로 역할을 맡고, 성장하면서 스스로의 한계를 넓혀 나갔습니다. 이러한 경험을 통해 저는 도전이 성장의 출발점이며 뭐든 할 수 있다는 자신감도 얻게 되었습니다.

같은 맥락이다. 자기 입장에서야 기특하고, 대견한 상황일 수 있다. 하지만 본인 입장에서 고통스럽고, 힘들었다고 해서 제3자 입장에서 그 고통과 도전정신에 공감할 수 있느냐는 별개의 문제다. 압도적으로 많은 경험을 쌓은 게 아니라면 일반적인 대학 생활의 모습일 뿐이다. 어필을 목적으로 여러 활동을 묶어서 도전이라고 이름을 붙인 일차원적인 접근이다.

[사례3]

석사과정에 진학 후 저는 연구실에서 새로운 도전에 마주하게 되었습니다. 제가 맡은 연구 주제는 촉매 반응 효율을 개선하기 위한 실험이었으며, 수치 하나에도 민감하게 반응해야 하는 작업이었습니다. 하지만 실험 결과는 기대와 달리 반복적으로 실패로 돌아갔고, 몇 주간 유의미한

옴스잡스의 스펙을 뛰어넘는 자소서

대한민국 모든 석사는 위기를 마주한다. 그리고 포기하고 싶은 순간 포기하지 않고, 극복하기로 마음먹은 끝에 결국 뿌듯함을 느낀다. 본인이 결정해서 석사에 입학했고, 연구를 시작했음에도 본인의 연구를 끝까지 포기하지 않은 것을 책임을 다했다고 표현한다. 연구를 포기하지 않고 수행한 건 기본이고, 연구 과정에서 확장된 관점, 논문을 보고, 교수님, 동료들과 토론하면서 얻은 깨달음 등을 가진 경쟁자들이 있다면? 탈락이다.

지원자들의 자소서를 보면 대한민국의 모든 청년은 불굴의 도전정신으로 끝없는 도전을 통해 성취하고, 성장하며 넘치는 배려심과 소통역량으로 협업을 일궈내는 뛰어난 인재들로 묘사된다. 궂은 일을 마다하지 않는 주인의식과 책임감은 덤이다. 대체 대한민국에 뛰어나지 않은 지원자들은 어디에 있는가.

멋들어진 키워드들을 잔뜩 활용해서 내가 어떤 사람인지를 강조하고, 스스로 확신하면 내가 최고의 인재가 되는 것인가? 아니다. 그냥 '아무 말 대잔치'일 뿐이다. 스스로 자신의 경험을 회고하고, 고찰하면서 깨달은 생각이나 의미가 녹아들지 않은 주제, 전형적인 키워드를 차용해봤자 결국 차별화에 실패할 수밖에 없다. 의미가 담긴 주제가 아니라 내 경험을 포장하기 위해 가져온 껍데기일 뿐이기 때문이다.

어떤 회사 담당자도 지원자만의 주관이 담기지 않은 피상적인 키워드로 지원자를 평가할 수는 없다. 십수 년 이상의 사회생활을 경험한 현직자들은 지원자들의 알맹이 없는 미사여구, 감언이설에 결코 속아 넘어가지 않는다. 오히려 무책임하게 내뱉는 단어들에 거부감을 느낀다. 진솔하게 자신을 드러내기보다는 약점을 가리고, 어떻게든 잘 보일 궁리만 하고 온 지원자들처럼 보이기 때문이다.

차별화는 소재의 신선함이 아닌
생각의 깊이에서 비롯된다

[사례1]

참치집 알바를 당시 사장님은 아무리 바빠도 손님 테이블에 무조건 한 번은 직접 회 서빙을 하셨습니다. 처음엔 '뭐 고객관리 좀 신경 좀 쓰나 보다.' 하고 대수롭지 않았지만 직접 서빙을 하시면서 1) 부위 소개 혹은 서비스 부위 자랑 2) 맛있게 먹는 법 3) 어울리는 술 4) 근황 토크 등등 손님들에게 자연스럽게 말을 붙이며 술도 한 잔씩 주고받으셨습니다. 손님 입장에서는 사장이 직접 나와 서비스를 주니 기분이 좋고, 사장님은 직접 대화하는 과정에서 고객의 피드백을 듣는 과정에서 진짜 단골을 만드는 계기가 된다는 점을 알 수 있었습니다. 실제로 좋은 부위가 아닌 매뉴얼대로 회가 나갔음에도 팁까지 주며 더 기분 좋게 가게를 나가는 고객들도 많았습니다. 결국 제품으로만 차별화를 주기 힘든 상황에서 서비스로 가치를 더할 수 있음을 깨닫게 된 계기였습니다.

- 우리은행 금융일반 최종합격자

우리은행 최종합격자가 인생기술서로 복기했던 경험의 일부이고, 면접에서 활용했던 일화를 간략히 정리한 내용이다. 아르바이트에서 겪었던 일화를 통해서 깨달은 차별화에 대한 지원자의 생각이 여실히 드러난다. 상황의 구체성 때문에 생각의 설득력은 더 높아진다.

[사례2]

Q. 본인의 성장과정을 간략히 기술하되 현재의 자신에게 가장 큰 영향을 끼친 사건, 인물 등을 포함하여 기술하시오.

고등학생 때 부산 대표로 서울에서 개최되는 전국독서토론대회에 출전했는데, 첫 번째 대회에서 1 대 9로 대패한 적이 있습니다. 상대 팀은 발제문에 언급되는 통계수치나 사진 자료를 시각화해온 것은 물론, 책 외의 철학자들의 의견도 인용하는 등 다양한 스펙트럼으로 근거를 구성하는 등 준비가 철저했습니다. 반면 우리 팀은 부산권 대회를 준비할 때처럼, 책 내용 위주로 발제문과 질문을 준비했고 생소한 근거와 주장에 대답도 제대로 하지 못했습니다. 부산 1등이라는 성과를 믿고 '이번에도 그 정도 수준으로 준비하면 이길 수 있겠다'라고 자만한 것 같아 부끄러웠습니다. 스스로 우물 안 개구리가 되어 만족하는 것을 경계하고, 부족한 점은 없을까 한 번 더 생각하게 된 계기가 되었습니다.

- 삼성물산 상사부문 서류합격자

일반적으로 '자신의 약점을 드러내도 될까'라고 생각하겠지만, 합격자는 도입부부터 실패 사례를 적었다. 내 약점을 공개해도 되냐가 중요한 게 아니라 '차별화된 나만의 생각'을 설득하는 게 핵심이다. 자신의 과오도 인정할 수 있다는 건 그만큼 이 경험에서 얻은 깨달음을 중요하게 생각한다는 의미가 되고, 설득력을 얻는 순간 차별성은 자연스럽게 따라오게 된다.

이차전지 종합설계 프로젝트 발표 당시 양극 소재 코팅에 관한 프로젝트 발표 중 모르는 질문이 나올까 봐 걱정하고 완벽에 대한 강박에 사로잡혀 있었습니다. 그런데 교수님께서 미처 생각지 못했던 코팅 두께 설정에 대한 질문을 하셨고, 중요한 변수였던 만큼 대비가 안 돼 있었다는 게 들통나면 교수님께 크게 혼이 날 것 같았습니다. 어쩔 수 없이 사실대로 논문에서는 5마이크로미터로 설정했는데 우리는 그만큼 정밀하게 실험할 수 없으니 그보다는 두껍지 않을까 예상한다고 답했습니다. 하지만 교수님은 걱정과 달리 실험 장비의 열악함에 따른 어려움에 대해서 공감해주시면서 두께에 집착하지 말고 코팅 방법을 여러 가지 진행해본다는 점에서 의미를 가지고 실험을 진행하면 좋을 것 같다고 하셨고, 오히려 다른 시각에서 실험을 바라보는 관점을 얻을 수 있었습니다. 모르는 것을 숨기기보다는 적극적으로 드러내는 것이 오히려 좋은 결과물을 위해 필요한 자세임을 알 수 있었습니다.

– 삼성SDI 셀소재개발 최종합격자

삼성SDI 셀소재개발 합격자가 면접에서 활용했던 경험의 일부를 정리한 내용이다. 미흡한 준비라는 약점을 주는 경험이지만 해당 경험을 신입사원으로서 업무 수행 태도를 설득하는 데 활용하거나 졸업 프로젝트 과정에서 얻었던 깨달음으로 제시해서 일반적인 학점 획득 혹은 성과를 어필하는 것보다 훨씬 값진 의미를 전달할 수 있다.

직무 관점도 깊이가 핵심이다

- IT개발의 본질은 빠르게 변화하는 비즈니스 요구를 현재 활용 가능한 최적의 기술로 구현해내는 일이다. 당장의 구현 속도보다 중요한 것은 이후 발생할 수정, 확장, 장애 상황까지 고려한 설계이며, 그렇기 때문에 코드 완성도뿐 아니라 장기적 영향과 비용과 운영 효율성까지 고려하는 게 중요하다.
- 진짜 영업은 우리 제품과 서비스를 신뢰하지 않는 고객, 경쟁사 제품과 서비스를 사용하던 고객들과 신뢰를 쌓고 마음을 돌리는 과정이라고 생각한다. 그렇기 때문에 일희일비하지 않고 꾸준하게 지속적인 소통을 통한 교감을 일으키는 것이 중요하다.
- 마케팅이란 1만큼의 제품에 9의 가치를 입혀 고객이 10 이상의 효용을 느낄 수 있도록 전달하는 일련의 과정이다. 특정 브랜드나 제품만이 갖고 있는 스토리, 정체성, 이미지를 체계적으로 관리하고, 스펙, 가격, 채널까지 살뜰히 챙길 수 있는 역량이 필요한 이유다.

- 기획력이란 기업 내에 주어진 한정된 상황과 자원을 활용해 최적의 솔루션을 계획하고, 실행하고, 관리할 수 있는 능력이다. 그 때문에 내부적으로 보유한 자원들에 대한 구체적인 이해와 각 부서별 세부 업무에 대한 이해를 바탕으로 입장 차이를 좁힐 수 있는 교섭력이 필요하다고 생각한다.

직무에 대한 생각을 자유롭게 표현한 네 가지 사례다. 위 사례들에는 공통점이 있다. 첫째, 경험이 아닌 직무 자체에 대한 이해에서 시작된 고민이라는 점, 둘째, 고민의 대상에 대해 심도 있게 탐구한 결과를 드러냈다는 점이다. 회사 인재상이나 직무 필수역량 키워드는 사용하지 않았지만 지원자의 깊은 직무 이해 수준을 가늠할 수 있다.

차별화는 바로 자신, 회사, 직무에 대한 고민의 흔적을 자신만의 생각과 언어로 표현하는 데서 시작된다. 따라서 누구나 차별화를 이룰 수 있다. 개개인이 가진 사고의 토대, 성장배경, 가치관, 철학, 색깔은 모두 다를 수밖에 없다. 천편일률적인 자소서만 쏟아져 나온다는 사실이 비정상적이고 기이한 것이다. 지금까지 외부에서 정답을 찾고 있었다면 어서 빨리 생각의 기준을 내부로 돌리고, 마음껏 자기만의 생각을 개진해야 한다.

질문을 잘 듣고,
하나의 주제로 대화하라

꼰대들은 동문서답을
참지 못한다

면접관　리더십이란 뭐라고 생각하나요?

지원자　동아리 팀원들에 대한 배려와 공감 능력을 바탕으로 행사를 성
공적으로 수행했던 경험이 있습니다. 행사 진행을 위해서는 예
산이 부족했고, 팀원들은 성공에 대한 확신이 부족한 상황이었
습니다. 저는 이들을 설득하기 위해 학교 주변 상권의 점포들
을 대상으로 직접 설득에 나선 끝에 …

면접관　그래서 리더십이 뭐라는 거죠?

　옴스잡스의 스펙을 뛰어넘는 자소서

면접관은 리더십에 대해 물었다. 그런데 지원자는 동아리 회장을 맡아서 행사를 성공적으로 수행했던 경험을 풀어내고 있다. '리더십'이라는 단어만 듣고, 나의 책임감과 협업 능력을 드러내기 위해 준비했던 일화를 그대로 답변하는 데 집중해서 생기는 문제다. "옴스야, 너는 인생이 뭐라고 생각해?"라는 질문을 받았다면 "나는 인생은 쓰리고, 아픈 거라고 생각해."와 같은 내 생각을 제시하는 것이 답이지 "나는 지금까지 힘든 삶을 살았어. 어려서 가난하게 자랐고, 그래서 나는 성공하고 싶은 마음이 컸어. 그래서 재수를 결심했고…"가 아니다. 동문서답은 눈살을 찌푸리게 만든다. 발화자 입장에서 하고 싶은 이야기가 아니라 질문한 사람 입장에서 보고 싶고, 듣고 싶은 이야기를 푸는 게 평가의 전제다. 아주 조금만 질문에 귀를 기울여봐도 동문서답은 충분히 피할 수 있다.

지원 동기와 지원 직무에 적합하다고 생각하는 이유가 무엇인지 기술해주세요.

5패션 유통사에서 인턴으로 근무하며 저는 상품 그 자체보다 어떤 환경게서, 어떤 맥락으로 제안되느냐가 소비자의 선택을 좌우한다는 점을 체감했습니다. 다양한 브랜드의 각기 다른 고객층들의 니즈와 반응을 견밀하게 파악했고, 이를 기반으로 당시 유행했던 밈과 브랜드의 정체성을 조회 수 약 40만을 기록하며 기존 대비 580%가 넘는 수치 향상을 이뤄냈습니다. 진정한 고객 중심 마케팅이 무엇인지 깨달은 사례이며 끊임없이 고객에게 새로운 변화를 만들고자 노력하는 현대백화점이야말로 제가 갖춘 역량을 발휘할 수 있는 유일한 공간임을 확신했습니다. (하략)

- 현대백화점 마케팅 지원자

지원동기는 '왜 우리 회사를 지원했는지'를 묻는 질문이고, 앞서 고백의 기본을 설명했듯 '왜 나인지'를 묻는 질문인데 자신의 경험을 지원동기로 제시하는 데 집중하고 있다. '이런 경험이 있어서 현대백화점을 썼다'는 것인데 사실 현대백화점이 아니라 경쟁사인 신세계백화점이나 한화갤러리아 혹은 B2C 사업을 영위하는 다른 회사를 지원해도 무방한 내용이다. 지원자가 어떤 직무역량이 있는지를 묻는 말에 제격인 답변일 뿐이다. 아무리 화려한 이력과 성과가 있다고 한들 '왜 나를 만나고 싶은 건지' 알 수가 없는데 역량 어필이 들릴 리가 없다.

대부분 지원자는 질문하는 사람의 궁금증 해소보다는 자신들의 의도 전달에 집중한다. 어쨌든 회사는 일하는 곳이고, 결국 내가 어떻게 일을 잘할 수 있는 사람인지를 보여주는 게 중요하지 않냐고 생각할 수 있다. 일부는 맞다. '회사는 일을 하는 곳'이다. 그렇기 때

　　　　　옴스잡스의 스펙을 뛰어넘는 자소서

문에 의사소통 능력은 실제로 매우 중요하며 의사소통이 잘 된다는 것은 '무엇을 묻는지 정확하게 파악하고, 지시에 맞게 업무를 수행해오는 능력'을 의미하는 것이지, 청자를 고려하지 않고 본인이 하고 싶은 말을 해대는 것을 의미하지 않는다. 후자와 같은 직원이 실제로 회사에 존재한다면 심각한 문제다. 채용 담당자들은 동문서답하는 지원자들을 보면서 '말을 못 알아듣네. 뽑으면 큰일 나겠는데.'라고 생각할 수밖에 없다.

질문을 곱씹어보면 자소서 작성 방향이 보인다

2. 본인의 경험 중 다양한 배경, 생각을 가진 사람들과 협업하여 문제를 해결한 경험에 대해 기술해 주시기 바랍니다.

기회는 어려움 속에서 피어난다

학교 내에서 주최하는 창업동아리 및 시제품 경진대회에 참가하기 위하여 저는 5명으로 이루어진 팀에 합류하였습니다. 팀 활동 초반, 저희는 시제품으로 사용할 수 있는 제품을 여러 개 선택하였고 선택된 제품들은 스캠퍼 기법을 통하여 다양한 아이디어들로 만들어 낼 수 있었습니다. 그리고 회의를 통하여 그중 하나의 아이디어를 도출하여 다듬었습니다.

 그러나 아이디어가 다듬어지는 과정에서 그 아이디어는 실용성이 떨어지며 복잡하게 고안되어 학부 수준으로 만들 수 없다고 판단된 저는 팀원들에게 제 생각을 이야기했습니다. 하지만 지금까지 진행된 상황으로 인하여 팀원들은 그 이야기를 달갑게 생각하지 않았지만 경청해 주었고 결과적으로 팀원들 또한 문제가 있음을 인식하여 그 문제에 대한 회의를 진행하였습니다. 결과적으로 다시 시작하자는 결론이 나왔고 처음부터 시작하여 새로운 아이디어를 도출하였습니다.

제출까지 얼마 남지 않은 상황에서 기말고사가 겹치다 보니 아이디어를 다시 생각하여 다듬는 과정은 매우 힘들었고 모든 팀원이 지친 기색이 역력하였지만 저는 그때 제가 자초한 일에 책임감을 느끼고 팀장과 함께 팀원을 격려하며 아이디어를 구체화하고 제품의 주요 부분을 맡아 CATIA를 이용하여 설계했습니다. (하략)

- 삼성엔지니어링 기술직 지원자

'다양한 배경, 생각을 가진 사람들과의 협업'을 묻고 있다. 서로 다른 생각을 가진 상대방 혹은 사람들과 협업을 하다 보면 필연적으로 다양한 의견이 제시되는 과정에서 마찰이나 갈등이 생길 수 있고, 이견을 좁히는 과정은 어려울 수밖에 없다. 지원자가 이런 상황을 어떻게 받아들이고, 슬기롭게 풀어나가는지를 보고자 하는 것이 채용 담당자의 의도임을 충분히 쉽게 생각해볼 수 있다.

하지만 앞의 사례에서는 어떤 다양한 출신, 배경의 지원자들이 함께했는지, 어떤 의견 충돌이 있었는지, 어떻게 그 간극을 좁혀 나갔는지에 해당하는 내용이 보이지 않는다. '다양한 사람들과 협업해 본 결과'가 아니라 '다양한 사람들과 협업한 과정'이 핵심이었지만 '내가 어떤 판단을 했고, 내가 어떤 제안을 했고, 내가 격려를 했다'와 같이 지원자는 내가 팀에 기여하려고 했던 부분들이 무엇이었는지를 드러내는 데 집중했음을 알 수 있다.

해결법은 간단하다. 바로 질문을 명확하게 이해하고, 묻는 질문에 대한 답변을 쓰면 된다. 질문을 읽자마자 머릿속에 소재부터 떠올리거나 타이핑을 시작하는 게 아니라 질문에서 묻는 바가 무엇인지, 어떤 답변을 해야 질문에 적합할지에 대해서 먼저 생각해보고, 자소서의 구성과 흐름을 생각해보는 것이 출발점이다. 한 번 다음 질문을 토대로 회사는 무엇을 알고 싶은 것인지 유추해보자.

Q. 다른 사람과 소통하고 협력하여 목표를 달성했던 경험에 대해 기술해 주세요.

사고 과정:

1. **무엇을 묻는지 파악** 소통과 협력으로 목표를 달성한 경험을 묻는다.

2. **뭐가 핵심인지 파악** 협업으로 목표를 달성한 경험을 찾는다? ×

   → '소통과 협력을 잘해서' 목표를 달성한 경험 ○

3. **소재·주제 선정** 인생기술서를 통해서 소통과 협력의 과정이 잘 드러나는 소재, 에피소드 파악

4. **글의 구성, 전개** 핵심 주제가 뭔지 생각하고, 당시 문제상황, 소통·협
   업하기 위해 노력했던 과정 및 핵심적인 부분 파악

5. 서술과 퇴고

다음은 이 같은 로직을 기반으로 작성된 합격자의 자소서다.

Q. 다른 사람과 소통하고 협력하여 목표를 달성했던 경험에 대해 기
술해 주세요.

팀의 목표를 위한 유연한 역할 변경

매주 진행 상황을 점검하던 중, 프로젝트 일정이 계획보다 지연되고 있
음을 발견했습니다. 특히 백엔드 개발을 맡은 팀원의 작업 속도가 느려
그 이유를 물어보니 Django를 처음 접해 이해하는 데 어려움을 겪고 있
어 개발을 시작하지 못했다고 했습니다. **당시 저는 모바일 개발을 희망
했지만, 이미 해당 역할을 맡은 팀원이 있었고 팀 전체의 균형을 고려했
을 때 백엔드 업무를 맡는 것이 더 적절하다고 판단하여 역할 변경을 자
처했습니다.**

Django는 처음이었기 때문에 인터넷 자료를 참고하며 게시판 CRUD
API를 먼저 구현하며 기본 개념을 익혔습니다. 이후 Postman을 활용
해 API 테스트를 진행하며 '요청에 맞는 정확한 데이터 응답을 반환하
는 것'이 핵심임을 확인했고, 이를 바탕으로 실서비스에 적용하며 개발

옴스잡스의 스펙을 뛰어넘는 자소서

속도를 높였습니다. **또한 API 요청 방식과 응답 예시를 정리해 노션에 공유하여 팀원들이 API를 효율적으로 활용할 수 있도록 지원했습니다. API 연동 과정에서 문제가 발생하면 팀원들에게 즉시 공유하도록 요청했고, 연락을 받은 지 1시간 내로 서버에 접속해 오류 원인을 분석하고 해결 방법을 공유하며 E2E 연동을 원활히 진행했습니다.** 기존 백엔드 팀원은 본인의 전문 분야인 인공지능 기능 개발에 집중할 수 있었고, 결과적으로 프로젝트의 완성도를 높여 캡스톤 디자인 경진대회 창업 부문 장려상을 수상할 수 있었습니다.

이 과정에서 협업은 **본인이 원하는 일만 하는 것이 아니라 팀원의 어려운 점을 알고 공동의 목표를 위해 행동하는 것임을 깨달았습니다.**

- BC카드 IT DX 최종합격자

팀 프로젝트를 진행하는 과정에서 난감한 상황, 여기서 지원자는 어떤 생각과 판단을 했으며 판단 이후에 어떻게 기여하고자 노력했는지, 그리고 프로젝트가 진행되는 과정에서도 팀원들과의 효율적인 협업을 위해서 어떤 고민과 행동을 했는지가 명확하게 드러난다. 또한 단순히 적극적으로 협업해서 잘 끝났다는 결과에서 끝나지 않고, 경험을 통해서 얻은 깨달음으로 담백하게 마무리했다.

내가 꼭 강조하고 싶은 주제, 꼭 보여주고 싶은 이야기는 이제 넣어두자. 자기중심적인 사고를 벗어나지 못한다면 회사 담당자들과의 거리는 결코 좁혀지지 않는다. 열심히 답변했는데 억울하게 떨어졌다는 고통스러운 모노드라마만 계속 반복될 뿐이다. 무엇을 묻고 있는지, 무엇이 핵심인지, 어떤 소재를 어떻게 전개해야 할지 치열하게 사고하는 과정에서 AI의 도움 없이도 AI를 뛰어넘는 자소서를 쓸 수 있다.

하나의 소재, 하나의 주제

뚜렷한 주제가 없는 글은 마치 울타리 없는 벌판을 목동 없이 날뛰는 양 떼들의 모습과 다를 바 없다. 주제는 천방지축 날뛰는 양 떼를 한데 모아주는 울타리와 같은 역할을 한다.

모든 글에는 분명한 주제가 있고, 전체의 내용은 그 주제를 뒷받침하기 위한 구조와 논리로 전개된다. 주제란 글쓴이가 글을 통해 전달하고자 하는 핵심 메시지이자 일관된 논리 전개를 가능하게 하는 이정표가 되기도 한다. 하지만 하나의 소재로 여러 가지 키워드와 역량(주제)들을 동시에 어필하려고 욕심을 부릴 경우 문제가 된다. 주제는 논지이고, 소재는 근거가 된다. 하나의 소재로 서로 다른 여러 가지 주제를 설득하려고 하면 당연히 설득력은 떨어질 수밖에 없다. 하나의 주제를 설득하기 위해 소재를 응집시키지 못하게 되고, 수습되지 않는 여러 주제만 난립하게 되면서 자소서는 난삽해 보이게 된다.

옴스잡스의 스펙을 뛰어넘는 자소서

이는 면접에서도 매우 중요하다. 면접관의 질문이 들어오면 어떤 에피소드를 어떻게 풀어야 할까가 아니라 질문에 대한 내 생각이 무엇인지가 먼저이고, 이를 뒷받침할 수 있는 근거가 이어진다. 모든 글쓰기, 말하기의 구성과 메커니즘은 동일하다. 짧은 시간 동안 진행되는 면접이기에 하나의 생각을 확실하게 설득하는 것만으로도 충분히 성공적이다. 그렇게 하나의 답변을 완결성 있게 과정이 하나씩 쌓이면서 최종합격이라는 결과를 얻을 수 있게 된다.

설득력은 '생각+근거'에서 비롯된다

저는 무에서 유를 만드는 기획력이 장점입니다.(주제) ○○벤처 회장 당시 동아리 침체로 활동비가 거의 없던 상황에서 광고대행사 근무를 하면서 얻은 인사이트가 떠올랐습니다. '축제 기간 동안 5천 명의 대학생들을 대상으로 대학생이 주 타깃인 회사의 제품을 우리가 싼 인건비로 대신 홍보해준다면 충분히 니즈가 있지 않을까'라는 아이디어가 떠올랐고, 주류회사를 대상으로 미니어처 소주를 매개로 보물찾기라는 참여형 이벤트를 기획해 300만 원을 따냈던 적이 있습니다.(근거)

자소서는 어떤 경험이나 현상을 사실적으로 전달하는 성격의 설명문이 아니다. 자소서는 오히려 자신의 주관적인 견해를 밝혀 타인을 설득하는 논설문에 가깝다. 채용 담당자들이 다른 경쟁자들 대신 나를 뽑아야 하는 이유를 주장하고, 그 이유를 뚜렷한 팩트와 근거를 함께 제시함으로써 설득하는 것이 목적이기 때문이다. 욕심만 앞서 그럴듯한 공수표들을 남발하고 근거 없이 상대방을 현혹하는 건 실속보다 포장에 능한 사람들의 전형적인 패턴이다. 결국 똑똑한 시민들은 구체적인 근거를 기반으로 인물을 평가하듯 채용 담당자들도 피상적인 키워드들보다는 구체적인 근거들을 통해 지원자들을 평가하게 된다.

즉, 정리해보면 뚜렷한 나만의 주관을 제시하고, 이를 근거로 설득하는 과정이 자소서, 면접의 설득력을 높이는 핵심이다. 뒤에서 살펴보겠지만, 그래서 주제는 명확하되 간결하게 제시하고, 구체적인 근거 제시를 통해서 주제의 설득력을 높이는 것이 자소서, 면접의 레벨과 완성도를 높이는 확실한 방법이다.

산업·기업·직무에서도 '생각+근거'가 핵심

산업·기업에서도 동일한 맥락이 적용된다. 산업·기업 관련된 정보들을 찾고, 분석하는 내용은 대동소이하다. 결국 차이는 '같은 정보를 어떻게 바라보느냐', 즉 '관점'에서 차이가 난다. '무엇을 보고 어떤 생각을 했느냐'에 따라서 각자만의 차별화된 설득 논리를 만들 수 있다는 것이다.

한화에어로스페이스가 이뤄온 괄목할 만한 실적과 성과에 대한 부분들을 언급하며 도전이라는 키워드와 연결했지만 대한민국에는 끊임없는 도전을 통해 성장해온 대단한 기업들이 차고도 넘칠 뿐만 아니라 지금도 끝없는 시도와 노력을 하고 있다. 당연한 이야기다. 사례도 일반적으로 한화에어로스페이스가 하고 있는 주요 사업에 대한 언급 정도에 지나지 않는다.

　　　　　　　　옴스잡스의 스펙을 뛰어넘는 자소서

> **[Good case]** 한화에어로스페이스는 고객의 요구를 넘어서 '진정한 파트너십'이 무엇인지 아는 기업입니다. 폴란드 K9 수출에서 단순 납품이 아닌 현지 생산·정비 체계 구축에 나선 점은 전시 보급 안정성과 자주국방력 강화라는 폴란드의 고민을 정확히 읽은 선택이었고, 사우디 현지 총괄법인 설립, 기술이전과 장기 협력까지 고려한 패키지 전략 검토 또한 중동 국가들의 고민을 근본적으로 해소시킴과 동시에 중장기적 신뢰를 얻을 수 있는 전략이라 확신합니다. 한화에어로스페이스과 함께 동맹국과의 결속 강화, 대한민국 안보 강화에 함께 기여하고 싶습니다.

한화에어로스페이스가 폴란드에 K9 전차 수출에 성공하고, 중동 시장 진출을 위해 공들이고 있다는 사실은 신문기사를 통해서이디 다 알려진 기사이고, 누구나 알 수 있는 내용이다. 하지만 지원자는 여기서 한화에어로스페이스가 다른 경쟁사들과는 다르게 고객과 중장기적인 파트너십을 고려하는 회사라는 생각을 했고, 이런 접근이 앞으로 더욱 혼란스러워지는 국제 정세 속에서 고객들의 불안을 해소함과 동시에 중장기적인 신뢰 관계를 구축할 수 있는 기반이라고 확신을 갖고 자소서를 작성했다. 그리고 '내가 회사를 그렇 생각하고 있음'을 설득하기 위해 해당하는 근거를 제시함으로써 설득력 있는 구성을 완성했다.

'행동'만으로는
지원자를 평가할 수 없다

Q. 공동의 목표 달성을 위해 협업했던 경험을 서술하시오.

자작자동차 동아리 활동 당시, 차량제작부 부장을 맡아 적극적인 책임감과 주인정신을 기반으로 소극적이었던 팀원들의 참여를 이끌어 분위기를 쇄신했던 경험이 있습니다. 대회를 앞두고 일정이 촉박했지만, 반복적이고 힘든 업무로 인해 부원들의 참여율은 저조했습니다. 팀원들의 참여를 이끌고, 적극적 협업을 달성하기 위해 직접 책임감을 갖고, 솔선수범하기로 결심했습니다.

먼저 팀원들이 맡기 힘들어 궂은 일들을 적극적으로 맡았습니다. 참여하지 않는 팀원들은 일일이 개별적으로 연락을 해서 이유를 물었고, 직접 만나서 참여를 요청하기도 했습니다. 분위기를 다지기 위해 회식도 마다하지 않았습니다. 개인적으로 비용을 더 쓰면서까지 회식을 주도했습니다.

진행 과정에서는 적극적으로 소통했습니다. 주 1회씩 대면 회의를 주관하여 적극적으로 의견을 나눌 수 있는 장을 만들었습니다. 이외에도 카톡방을 통해 팀원들의 의견을 세심하게 듣고, 반영하려고 노력했습니다. 또한 클라우드 문서를 활용하여 수시로 진행 상황을 공유할 수 있도록 했습니다.

옴스잡스의 스펙을 뛰어넘는 자소서

지원자가 동아리에서 마주한 문제를 해결하기 위해 어떤 노력
을 했는지 세세하게 서술했다. 적극적으로 한 명, 한 명 만나서 이
야기를 듣고, 회식도 하고, 돈도 썼다는 부분은 칭찬해 마땅하다고
생각할지 모르겠으나 팀원들의 이야기를 듣고, 문제를 정확하게 파
악한 다음 개선할 수도 있었을 텐데 왜 솔선수범해야겠다고 생각했
는지 알 수 없고, 갑자기 왜 회식을 했으며 사비까지 써가면서 노력
했는지 알 수 없다.

이후도 마찬가지다. 무엇이 문제인지에 대한 언급도 없는데 적
극적 소통을 위해 노력하고, 세심하게 듣기 위해 노력했다고 해서
지원자의 대응이 올바른 대응이었는지 알 수 없다. 자신이 팀을 위
해 열심히 노력했고, 최선을 다했다는 사실 자체를 책임감과 주인
정신이라는 그럴싸한 표현으로 표현했을 뿐이다. 어떤 생각과 판단
으로 어떤 행동을 한 것인지 알 수 없다면 안타깝지만 맹목적인 선
행이자 의미 없는 부지런함일 뿐이다.

Q. 다른 사람들과 협업하여 공동의 목표를 달성한 경험과 해당 과정에서 본인은 어떠한 역할을 수행하였는지 설명해 주세요.

자작자동차 동아리 제작부장 시절, 대회를 앞두고 부원들의 참여율이 저조한 문제에 직면했습니다. 독려에도 상황은 나아지지 않았습니다. 근본적인 원인을 부원들의 입장에서 생각해보았습니다. 제작부는 고된 업무 탓에 비자발적으로 신입부원이 배정되는 경우가 많았기에 비자발적 부서 배정과 친밀감 부족이 참여의욕 저하의 원인이라고 판단했습니다. 이에 주기적으로 타 부서와의 인원 교체를 건의하여 역할 순환을 통한 동기부여를 유도하고, 별도 회식을 주도하여 유대감을 높였습니다. 또한 격주 실험 수업으로 주 3회 참석이 어려운 부원들을 고려해, 출석 규칙을 2주 6회 참여로 개편하고, 매주 일요일에 차주 일정을 조율하여 최대한 많은 인원이 함께 활동할 수 있도록 운영했습니다.

그 결과, 참여율과 작업 효율을 동시에 개선할 수 있었습니다. 부품 도착 지연으로 기간 내 신차 완성은 실패했지만, 향상된 참여율과 작업 효율을 바탕으로 전년도 차량을 신속히 개조하였고, 전국 자작차 대회에서 입상할 수 있었습니다.

- HD현대중공업 상세설계 최종합격자

자신이 부장을 맡은 차량제작부 팀원들의 참여가 저조해 본인이 나서서 노력했음에도 상황은 개선되지 않는 상황에서 어떤 생각

옴스잡스의 스펙을 뛰어넘는 자소서

으로 마음을 다잡았는지, 어떤 판단으로 회장에서 두 가지 개선책을 건의하게 되었는지, 왜 새로운 참석방식을 제안하게 되었는지에 대한 이유까지 여실히 드러난다. 자소서를 통해서 이 지원자가 답답한 상황을 인내하고, 팀원들의 입장을 세심하게 고려하면서 문제를 풀어갈 수 있는 구성원임을 확인할 수 있게 된다.

생각과 근거는 한 세트다. 어떤 행동의 의미를 판단하기 위해서는 생각이 반드시 필요하다. AI가 등장하면서 생각하는 인간의 중요성은 더욱 높아졌다. 어떻게 나의 멋진 행동과 성과를 더 많이 보여줄 수 있을까가 아닌 어떤 생각과 판단을 내릴 수 있는지를 보여주는 것이 더욱 중요해졌다. 인생기술서를 작성해보는 단계에서부터 세세한 복기가 선행되는 게 핵심이다.

자소서의 품격을 높여줄
디테일과 심플

삽화 하나 없는 소설책을 보면서도 주인공에 빙의라도 한 듯 손에 땀을 쥐는 긴장감을 느끼며 소설 속 상황에 깊이 몰입하게 된다. 주인공의 얼굴과 표정, 이야기가 펼쳐지는 공간과 주변 상황을 본 적도 없는데 말이다. 생동감 넘치고, 구체적인 묘사 덕분에 독자들은 자기도 모르는 사이에 머릿속에 선명한 이미지를 그리고 상상의 나래를 펼치면서 자연스럽게 소설에 빠져들게 된다.

이것이 바로 디테일의 힘이다. 소설가는 등장인물의 감정, 주변 상황과 풍경을 독자들에게 떠올리도록 결코 강요하지 않는다. 주인공이 어떤 상황을 마주했는지, 어떤 기분과 감정을 느꼈는지, 왜 그런 선택과 행동을 할 수밖에 없었는지, 상황, 인물, 감정, 행동 하나

하나를 구체적으로 묘사해 독자 스스로 생생하게 장면을 떠올리며 상황 속에 빠져들 수밖에 없게 만든다.

디테일의 차이가
실력의 차이

보통의 취준생들은 소설가와는 정반대의 서술법과 화법을 사용한다. 당시에 본인이 느낀 확신과 뿌듯함을 강조하는데 듣는 입장에서는 정체가 뭔지, 이유가 뭔지 알 길이 없다. 내가 쓴 글, 내가 하는 말을 듣는 이들이 내 생각에 공감하게끔 하는 것이 아니라 내 마음을 알아달라는 일방적인 호소이고, 강요일 뿐이다.

[Bad case] 저는 다양한 스포츠를 경험하고 도전하면서 소극적이었던 성격을 개선하고, 부족했던 체력도 보완하며 자신감을 키울 수 있었습니다. 중간에 포기하고, 싶은 순간도 많았지만 이번만큼은 어떻게든 해내겠다는 생각으로 임한 결과 하프마라톤 완주를 해낼 수 있게 됐고, 물러서지 않는 도전정신도 키울 수 있게 됐습니다.

어떤 다양한 도전을 했다는 것인지, 어떻게 소극적이었던 성격이 개선됐다는 건지, 부족한 체력을 얼마나 보완했다는 것인지, 언제 포기하고 싶었는데 갑자기 하프 마라톤까지 뛸 수 있게 됐다는 것인지 알 수 있는 부분이 하나도 없다. 지원자가 강조하고 싶은 약점 극복과 도전정신이라는 키워드는 전혀 설득되지 않는다.

[Good case] 3년 전 처음 달리기를 시작할 당시 하루 2km도 뛸 수 없을 정도로 체력이 약했습니다. 좌절하기도 했지만 6개월간 매일 30분씩 꾸준하게 노력하니 5km를 뛸 수 있었고, 1년이 되는 시점에는 10km까지 완주할 수 있게 됐습니다. 꾸준한 노력으로 어려움을 극복할 수 있음을 배웠습니다.

언제 시작했는지, 얼마나 꾸준하게 했는지 그래서 어떤 변화를 만들어냈는지 보는 입장에서 명확하게 알 수 있다. 디테일이 명확하니 이 지원자가 얼마나 어려운 성장을 해냈는지도 근거를 통해서 확인할 수 있다. 자소서, 면접은 호소가 아니라 설득이고, 설득은 구체적인 근거를 통해서 이뤄진다는 사실을 항상 잊어서는 안 된다.

 옴스잡스의 스펙을 뛰어넘는 자소서

학부연구생으로서 차세대 메모리 소자 연구에 참여하는 과정에서 어려움에 직면했던 적이 있습니다. 신생 연구실이었고, 방향성을 잡아주고, 조언해줄 사람도 마땅치 않은 상황이라 포기하고 싶은 마음도 들었습니다. 하지만 뭐든 시도해보자는 생각이 들었고, 2주간 수십 개의 논문을 읽어보면서 몰랐던 소자 개념을 깊이 파고들고, 문제점의 원인을 파악하고자 노력했고, 교수님께도 끈질기게 물어본 끝에 차츰 문제의 실마리를 찾을 수 있습니다. 이후 파악한 원인을 토대로 수십 번이 넘는 파라미터 조절과 실험을 반복하는 과정을 통해서 결국 유의미한 결과를 낼 수 있었습니다. 학부생으로서 이뤄낸 결과라는 점에서 더 큰 뿌듯함을 느꼈습니다. 어떤 어려운 순간에도 포기하지 않는 끈기로 결과를 내는 엔지니어가 되겠습니다.

2주 동안 논문을 보면서 어떤 소자 개념을 파고들었다는 것인지, 그래서 추측하게 된 문제의 원인은 무엇이었는지, 교수님에게는 어떤 질문들을 했고, 그래서 어떤 실마리를 찾아서 어떻게 실험을 진행한 끝에 어떤 결론을 낼 수 있었다는 것인지 확인할 수 있는 내용이 아무것도 없다. 지원자 입장에서 본인이 '포기하지 않고 해냈다'는 것 자체에 취해 정작 평가하는 입장에서 지원자가 뭘 어떻게 잘했다는 것인지 판단할만한 디테일은 하나도 주지 못했다.

얇은 나무판자로 지지대를 만드는 실습 당시 40kg 이상의 하중을 견디는 것이 중요했습니다. 대부분 다리가 4개인 책상 모양을 설계했지만, 그것은 다리가 얇아 높은 하중을 견디기 어려워 보였습니다. 그래서 다리를 두껍게 만들려고 했지만 판자를 3장만 사용해야 된다는 제약 때문에 다리 개수를 줄여보려고 했습니다. 평면을 결정하는 점의 최소 개수는 3개라는 사실로 안정성 확보와 다리를 두껍게 보강하고 실험했지만, 지지대 위판이 부서졌습니다. 문제의 원인을 찾아보니 그러한 깨짐이 전단 파단임을 알게 되었고, 이를 막기 위해서는 작용 면적이 커야 안전하다는 정역학적 개념을 파악할 수 있었습니다. 그렇게 위판의 넓이를 줄이고 작용 면적에 해당하는 두께를 늘려 삼각대 모양으로 67k의 하중을 견뎠습니다. 하나하나 기본에 충실한 사고만으로도 창의적인 결과를 만들어 낼 수 있었던 경험입니다.

– LG전자 R&D 최종합격자

채용 담당자는 자소서와 면접을 통해 지원자들과 처음 만나는 사람이다. 일면식도 없는 상대한테 밑도 끝도 없이 내가 괜찮은 사람이라고 주장하면서 자신의 가치를 알아주길 바라는 건 욕심이다. 채용 담당자가 나를 평가할 수 있는 기반은 '디테일'이다. 디테일이 담보되지 않은 주장과 호소는 전혀 먹히지 않는다.

 옴스잡스의 스펙을 뛰어넘는 자소서

군더더기 없는 깔끔함
완성도를 높이는 간결함

디테일을 챙겼다면 이제는 간결함, 심플을 챙길 차례다. 이렇게 말하면 십중팔구는 '구체적으로 쓰면서 간략히 쓰는 게 가능하냐'는 질문을 한다. 가능하다. 이미 앞서 인용된 수많은 좋은 자소서 작성 사례들을 다시 확인해봐도 좋다. 구체적인 문제상황, 생각, 행동, 결과, 느낀 점까지 다 드러내면서도 피상적인 키워드만 잔뜩 써서 무엇도 설득하지 못한 잘못된 자소서들과 분량은 비슷하다. 디테일과 심플, 두 마리 토끼를 동시에 잡을 수 있다. 대부분의 자소서를 보면 불필요한 주어나 수식어, 조사, 동사를 포함해 굳이 안 해도 될 이야기, 길고 만연하게 표현된 구절이나 문장들이 한두 개가 아니다.

간결하다는 것은 쉽게 말해 군더더기가 없다는 뜻이다. 잡다하고 불필요한 수식은 배제하고 핵심에 집중하는 것만으로도 군더더기 없이 간결하고 담백한 글을 작성할 수 있다. 기업을 조사하는 과정에서 찾았던 수십 페이지의 정보부터 인턴 생활을 하면서 겪었던 고초, 괄목할 만한 성과, 여러 경험을 통해 얻게 된 교훈까지 모든 재료가 한없이 아깝게 느껴져 덜어내기가 쉽지 않은 것이 가장 큰 문제다.

그럴 때 중심을 잡아주는 것이 '주제', 그리고 '핵심이 무엇인가'이다. 생각을 바꿔야 한다. '어떻게 이걸 요약하고, 다 보여줄 수 있을까'가 아니라 '이런 생각/주제를 설득하려면 반드시 필요한 내용이 뭘까', '여기서 내가 어떤 행동을 한 부분이 저기서 저런 행동을 한 내용보다 더 중요한 부분일까'라는 생각을 끊임없이 반복하면서 분량 내에서 최선의 설득을 하는 데 집중하는 것이 핵심이다.

Q. 지원하는 직무의 핵심 역량을 정의하고, 해당 역량을 갖추기 위해 노력한 경험과 향후 자신의 커리어를 어떻게 쌓아가고 싶은지 작성해 주세요.

[Before] 현대카드 브랜드팀은 현대카드를 통해 고객이 새로운 경험과 라이프스타일을 만들어갈 수 있도록 도와주는 컨설턴트로서의 역할을 해나가고 있다고 생각합니다. 각 분야의 기업들과 파트너십을 통한 현대카드의 여러 PLCC 상품들은 고객들이 더 합리적인 해택을 바탕으로 자신만의 라이프스타일을 카드의 디자인과 카드 자체로 표현할 수 있게 했습니다. 이렇게 현대카드는 단순한 화폐가 아닌 고객이 자신을 표현하는 하나의 방식으로 자리 잡았습니다.
현대카드의 브랜드 철학을 바탕으로 고객의 합리적인 소비와 새로운 라이프스타일을 제시하고 디자인하는 현대카드 브랜드팀으로서 가장 핵심 역량은 스토리 메이킹이라고 생각합니다. 단순한 데이터 분석이 아닌 고객이 소비를 통해 추구하는 방향성은 무엇이고 그 방향성에 맞는 서비스를 어떠한 방식으로 제공하는 방식을 고민하며 하나의 큰 스토리

　　　　　　　　　　　　옴스잡스의 스펙을 뛰어넘는 자소서

이것저것 많은 이야기를 늘어놓았지만 결국 핵심만 정리해보면 간단하다. 회사에 대해서 공부한 것도 많고, 쓰고 싶은 내용이 아무리 많더라도 결국 핵심은 '핵심역량의 정의'이고, '어떤 이유로 어떤 역량이 중요한지' 논리를 제시하는 게 중요하다는 점을 생각해보면 불필요한 내용이 무엇인지 쉽게 파악할 수 있다.

있었고, 해당 분야의 전문지식과 직무경험을 쌓기 위해 교육공학과로 편입을 하게 되었습니다. 인생에서 가장 바쁜 시기를 보냈지만 편입에 도전하며 내가 원하는 것이 무엇인지 정확하게 알게 된 계기가 되었고 이를 실현해냄으로써 인생의 다른 문제들도 해결할 수 있는 자기효능감이 크게 향상된 계기가 되었습니다.

↓

[After] 경영학 전공수업 '조직행동론'을 수강하면서 구성원들이 즐겁게 몰입할 수 있는 조직문화를 만들어 경쟁사가 따라올 수 없는 격차와 성과를 낸 사우스웨스트 항공(Southwest Airlines) 사례를 보며 인사 직무의 매력을 느꼈고, 인사 분야의 전문성을 더 쌓고자 교육공학과로 편입하게 되는 계기가 되었습니다.

수업에서 어떤 내용을 보면서 관심을 갖게 되었는지는 더 구체적으로 드러내면서도 어떤 진로를 선택했는지까지 정리했음에도 분량은 절반도 되지 않는다. 바쁜 시기였고, 효능감을 높였다지만 구체적 근거가 없다면 알 수 없는 내용이므로 삭제해도 무방하다.

디테일과 심플은 분명 공존이 가능하다. 어떤 좋은 자소서도 일필휘지로 작성되지 않는다는 사실을 알아야 한다. 피나는 노력과 반복 없이 좋아지길 바란다면 그건 욕심이다. 숱한 시도와 끈질긴 노력이 수반될 때 다른 지원자들 사이에서 짧지만 묵직하게 자신을 돋보이게 할 수 있는 강력한 힘을 얻게 될 것이다.

자소서 실전 첨삭 사례

사례 1
디테일이 부족한 자소서

Q. 직무 수행상의 강점을 서술하시오.

마케팅 직무는 데이터 기반의 문제해결력이 중요합니다. 저는 다양한 경험을 통해 데이터 관점을 활용해 성과를 도출해본 적이 있습니다.

첫째, 2년간의 경영전략 학회 활동을 통해 수많은 산업군과 기업들을 전

럭적, 재무적 관점에서 분석했습니다. 각 산업군의 특수성을 고려하여 재무회계적 관점에서 경쟁사들의 현황을 분석해보고, 전략과 대안을 다양하게 제시해봤습니다.

둘째, 플랫폼 K사 마케팅팀 인턴으로 각 브랜드별 제품 판매량을 지속적으로 추적하고, 분석했습니다. 매출, 수량, 가격뿐만 아니라 고객의 니즈가 무엇인지 치열하게 고민하는 과정에서 '참여형 할인 이벤트'를 제안했고, 목표 대비 30% 높은 매출을 달성했습니다.

이외에도 다양한 팀 프로젝트와 인턴 업무 과정 속에서도 데이터 관점을 놓지 않기 위해 끈질기게 노력했고, 덕분에 좋은 성과 달성과 데이터 중심 사고를 확보할 수 있었습니다.

 **옴스's 피드백**

- 주제의 차별성이 없습니다. '마케팅=데이터'라는 일차원적인 사고에서 시작된 키워드 제시라고 할 수 있습니다.

- 짧은 분량 안에 여러 사례를 욱여넣다 보니 분량은 줄어들게 되고, 사례의 구체성도 떨어지니 주제의 설득력이 생기지 않습니다.

- 경영전략 학회에서 어떤 프로젝트를 수행할 때 어떤 데이터를 어떻게 분석했고, 어떤 인사이트를 도출해서 어떤 결과물을 냈는지, K사 인턴에서는 어떤 판매량의 변화를 감지했고, 고객 니즈를 어떻게 파악하고자 했으며, 왜 '참여형 할인 이

옴스잡스의 스펙을 뛰어넘는 자소서

벤트'를 제안했는지 알 수 없습니다. 단순히 '데이터를 활용했다'라는 언급만 있을 뿐 정작 실력을 입증할 수 있는 '디테일'이 없는 껍데기 자소서입니다.

사례 2
차별화된 관점과 뚜렷한 근거

마케팅은 데이터 이면에 가려진 진짜 문제의 원인을 찾아내기 위한 끈질긴 의심이 핵심입니다.

A사 화장품 제조사 인턴 근무 당시 '경쟁 심화'로 인해 주력 제품 판매량이 18% 감소했다는 결과가 쉽게 납득이 되지 않았습니다. 수치를 다시 들여다보니 신규 고객 유입은 거의 줄지 않았고, 문제는 재구매율이 급락한 데 있었습니다. 이유를 찾기 위해 사용후기를 찾아보는 과정에서 "써보니 경쟁사 제품과 차이를 모르겠다"는 의견이 반복되는 것이 눈에 띄었습니다. 당사 제품은 경쟁사 제품에 비해 '피부 장벽 회복'이라는 차별점이 있었던 만큼 의문을 갖고, 상품 상세 페이지를 확인해 보니 해당 효능이 강조되고 있지 못함을 알 수 있었고, 이후 핵심 효능을 전면에 배치한 메시지로 개선을 제안해 판매량 회복에 기여할 수 있었습니다. 항상 의심하고, 파고드는 마케터가 되겠습니다.

- 자신만의 경험과 일화를 통해 얻은 생각을 주제로 차별성 있는 역량을 주제로 제시했습니다.
- 구체적으로 어떤 상황에서 무엇을 의심했는지 하나의 에피소드를 통해서 확실하게 보여주고 있습니다. 하나의 확실한 사례를 활용해서 '의심하는 사람'임을 확실하게 설득했습니다.
- 구체적인 문제상황, 지원자가 무엇을 어떻게 의심해 나갔는지가 명확하게 보이기 때문에 지원자가 의심을 잘하는 사람이라는 사실을 확실하게 납득할 수 있습니다.

직무역량 항목을 작성할 때 핵심은 '직무 키워드'가 아니다. '내가 가진 장점'이 무엇인지를 명확하게 이해하고 있고, '직무의 성격'을 고려해서 어떻게 장점을 발휘할 수 있는지를 설득할 수 있다면 '직무의 어떤 성격을 고려했을 때 내가 가진 장점이 직무역량이 될 수 있다'라는 논리를 주제로 제시하고, 이를 뒷받침할 수 있는 근거를 제시하면 직무역량도 어렵지 않게 해결할 수 있다.

옴스잡스의 스펙을 뛰어넘는 자소서

사례 3
디테일과 심플의 동시 충족

Q. 본인의 성격 중 '가장 고치고 싶은 부분'과 그 이유를 작성해 주세요.

[Before] 빠른 의사결정을 고집하는 성향을 고치고 싶습니다.
삼성청년SW아카데미 1차 프로젝트 때, 주제를 정하는 데 시간이 오래 걸리자 조급한 마음에 여러 가지 제안을 내놓았습니다. 하지만 제 의견이 계속 거절당했고, 결국 개발 기간이 부족해 프로젝트가 실패로 끝났습니다. 돌이켜보니 팀원들의 역량 차이를 조율하지 않은 채 다양한 선택지만 제시했던 것이 오히려 결정을 지연시키는 원인이었다는 걸 깨달았습니다.

2차 프로젝트에서 조급함을 줄이고, 팀원들의 의견을 발전시키는 데 집중했습니다. ⓐ 누구의 아이디어든 상관없이 한 가지 주제를 정한 후, 어떻게 하면 더 발전시킬 수 있을지를 함께 고민하는 방식으로 논의를 이끌었습니다.

ⓑ 그 결과, 부정적인 의견보다는 구체적인 기능이 도출되었고, 기능을 확장하기 어려운 주제들은 자연스럽게 제외되었습니다. 이러한 과정 덕분에 팀원들도 주제 선정에 더욱 적극적으로 참여할 수 있었고, 결국 축의금 송금 서비스를 주제로 일주일 만에 결정할 수 있었습니다.

이 경험을 통해 빠른 결정을 고집하는 것보다 팀원들과 충분히 논의하고 아이디어를 다듬어 가는 과정이 더 생산적인 결과를 만들어낸다는 것을 배웠습니다.

[After]

2차 프로젝트에서는 조급함을 줄이고, 팀원들의 의견을 수렴하는 데 집중했습니다. 처음에는 '축의금 송금 서비스'가 흔한 아이템이라 경쟁력이 부족할 것 같다고 생각했지만, 아이디어보다 기능의 차별성이 중요하다는 점을 깨닫고 주제를 구체화하는 과정에 집중했습니다. 단순한 기능을 먼저 제안하여, 팀원들이 자연스럽게 의견을 공유하도록 유도했습니다. 그 결과, 기능 확장이 어려운 주제들은 자연스럽게 제외되었고, 일주일 만에 주제와 핵심 기능을 확정할 수 있었습니다.

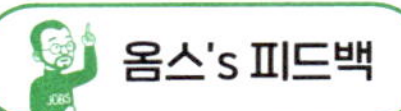

옴스's 피드백

- ⓐ 앞부분에서 '팀원들의 의견을 수렴하는 데 집중'했다고 했던 만큼 구체적으로 어떤 의견을 듣고, 어떻게 수렴하려고 했는지에 해당하는 구체적인 상황을 제시했어야 합니다.

- ⓑ는 결과, 결론에 해당하는 부분으로 지원자에 대한 평가는 결과가 아닌 '어떻게 노력했느냐'에서 이뤄지는 만큼 결과는 절반 수준으로 줄이고, 어떻게 협업적 태도를 보이려고 했는지에 해당하는 내용을 추가해서 얼마나 변화됐는지에 대한 설득력을 높일 수 있습니다.

옴스잡스의 스펙을 뛰어넘는 자소서

성격의 단점을 변형한 질문이다. 하지만 위의 내용은 '협업을 통해 문제를 해결했던 경험'을 묻거나 '서로 다른 의견을 가진 상대방과 협업했던 경험'을 묻는 질문에도 그대로 쓸 수 있는 내용이다. 자소서 질문을 볼 때마다 새로운 시선으로 바라보면서 접근하기보다는 나만의 생각, 주제, 소재들을 활용해서 충분히 작성해볼 수 있는 내용이 아닌지 조금만 생각해봐도 채용이 몰리는 시기에 여러 기업의 자소서를 동시에 써야 한다는 부담을 쉽게 덜어낼 수 있다.

말은 생각의 발로다. 조리 있게 말하지 못한다고 자책하는 이들 중 상당수는 지식과 논리가 충분히 정리되지 않은 경우다. 돌발 질문에 무엇을 답해야 할지 모르겠다는 사람들 또한 자신만의 기준과 관점이 단단히 세워지지 않았다는 의미다.

가장 담백한 요리는 재료 본연의 맛을 살린 요리다. 말도 마찬가지다. 그럴싸한 미사여구와 수식어는 오히려 발화자 고유의 색과 진정성을 흐리게 만든다. 어떻게 표현할지를 고민하기보다 생각의 깊이를 어떻게 더할지, 그리고 진심을 얼마나 온전히 담아낼지를 고민해야 한다.

6장

면접은 자소서의 확장판이다

The limits of my language mean the limits of my world.
내가 말하고 쓸 수 있는 만큼만, 나는 생각할 수 있다.
— 루트비히 비트겐슈타인

If people cannot write well, they cannot think well.
글을 제대로 쓰지 못한다면, 생각도 제대로 하고 있지 않은 것이다.
— 조지 오웰

자소서와 면접은
한 몸이다

"옴스님, 서류, 인적성 통과하고, 면접 날짜가 잡혔는데요! 뭐부터 하면 좋을까요?"

개 면접 시즌마다 발생하는 상황이다. 자신은 서류 합격을 할 줄 몰랐고, 그래서 따로 면접 준비를 하지 않았으며 그래서 뭐부터 해야 할지 모르겠다고 도움을 호소하는 지원자들이 줄을 선다. 자기는 말을 조리 있게 잘 못하는 편이라 큰일 났다고 생각하는 지원자들도 결국 다 같은 문제다. 말하기와 글쓰기는 표면적으로는 다른 것처럼 보이지만 본질적으로는 깊이 연결되어 있다. 가족이나 친구들에게 본인의 생각을 전달하기 힘들 정도로 말주변이 부족한 게 아니라면 걸림돌이 될 건 없다. 뭐부터 준비해야 할지 모르겠고, 아무리 준비해도 면접이 두려운 문제는 결국 자소서부터 시작됐을 가능성이 높다.

"그런데 저는 왜 면접만 가면 말문이 막히는 걸까요?" 이유는 간단하다. 내가 무엇을 아는지 잘 모르고, 나만의 생각도 뚜렷하게 정리되지 않았기 때문이다. 잘 모르는 질문에 잘 답변할 수 있는 사람은 세상 어디에도 없다. 각자가 정말 좋아하는 관심사, 예를 들면 드라마, 음악, 스포츠, 연예인, 여행 등을 주제로 친구들과 이야기를 나눈다고 생각해보자. 말문이 막히는가? 특정 야구 구단을 좋아한다면 해당 구단의 특징과 플레이 스타일, 각 선수의 장단점과 문제점, 관람했던 경기에 대한 주관적 평가까지 술술 나오지 않는가? 야구는 많이 봤지만 별 이야기를 못 하겠다면 아마도 야구의 규칙이나 전술, 전략보다는 야구장의 현장감이나 특정 선수의 멋짐만을 즐기고 있을 가능성이 높다. 아는 만큼 보이고, 아는 만큼 말할 수 있다는 것이 말하기의 기본 전제다.

"자기 자신을 한 단어로 표현한다면?"이라는 질문을 받았다면 스스로에 대한 이해를 바탕으로 유사한 성격을 갖고 있는 단어를 떠올려 치환해 답변하면 된다. "좋은 리더십이란 뭐라고 생각하는가?"라는 질문을 받았다면 자신이 부원이었던 시절 학생회를 기가 막히게 이끌었던 회장 선배를 떠올리거나 평소 존경했던 저명한 기업인을 떠올려 답변할 수도 있다. 즉, 본인만의 기준과 생각이 얼마나 잘 정리되어 있었느냐가 순발력과 유창함의 토대 그 자체다.

게다가 면접은 제시된 프롬프트를 순발력 있게 읽어내는 아나

운서를 뽑는 자리가 아니다. 함께 일할 수 있는 직원을 뽑는 자리이기 때문에 면접관들은 유창함이 아니라 지원자가 어떤 사람인지, 함께 일할 준비가 된 사람인지를 파악하는 데 집중한다. 갈수록 면접의 질문들이 '뭘 아는가'가 아니라 '어떻게 생각하느냐'라는 지원자들의 생각을 묻는 데 초점이 맞춰지고 있는 이유기도 하다.

결론적으로, 면접만 가면 위축되고, 주눅 드는 이유는 '무슨 이야기를 해야 할까'라는 두려움에 사로잡혔기 때문이다. 애초에 정답은 없고, 지원자가 제시한 생각의 깊이와 설득력에 따라서 면접관들은 지원자의 수준을 판단하는 만큼 '대체 뭘 물어볼까'를 놓고 종일 고민할 게 아니라 취업 3요소를 중심으로 깊이 있게 파고들고, 내 생각과 관점들을 하나씩 차곡차곡 쌓는 노력이 필요하다.

인생기술서를 작성할 때부터 다양한 상황들을 돌아보면서 나에 대한 인식을 높이고, 성찰적 자세로 올바른 태도와 자세에 대해서 얼마나 고민해봤느냐에 따라 '나'에 대해 묻는 질문들에 대한 두려움은 자연스럽게 줄어든다. 산업·직무를 있는 그대로 받아들이고, 탐구하면서 학습하는 과정에서 관점을 쌓는다면 '뭘 어필해야 될까'라는 걱정이 무색하게 자신 있게 견해와 주관을 밝힐 수 있는 기반을 갖출 수 있게 된다.

면접은 자소서의 확장판이라고 봐도 무방하다. 자소서를 작성하며 고민했던 내용이 그대로 면접의 기반이 된다. 다만 차이가 있다면, 질문의 범위가 훨씬 넓어지고 지금까지 준비해온 생각과 논리를 즉각적으로 풀어내야 한다는 점이다.

미완성의 자소서는
나를 향한 총구로 되돌아온다

취업은 전형 단계마다 여러 요인이 복합적으로 작용한다. 그러다 보니 시간에 쫓겨 단숨에 써 내려간 자소서가 합격하는가 하면, 도통 무슨 소리인지 이해되지 않는 뜬구름 잡기식의 자소서가 합격하는 경우도 종종 있다. 대체로 뛰어난 스펙을 갖고 있는 지원자들이 해당된다.

반대로 스펙이 상대적으로 떨어짐에도 불구하고, 상위권 대기업 서류전형에서 합격하는 경우도 종종 있다. 자소서가 좋아서인 경우도 있지만 순전히 운이 작용하는 경우도 꽤 많다. 이러한 차이는 채용하는 회사, 직무, 인원, 상황에 따라 합격 기준이 상이하기 때문에 나타난다. 쉽게 말해 '서류 합격=잘 쓴 자소서'라는 공식이 무조건 성립되는 건 절대 아니라는 의미다.

그렇다면 자소서가 합격과 크게 상관이 없다는 의미냐고 반문할 수 있지만 오히려 그 반대다. 기아 글로벌사업에 최종합격한 지원자는 서울 상위권 대학이라는 좋은 스펙을 갖췄음에도 처음에는 고전했다. 자소서를 개선하기 전 10% 수준에 불과했던 서류 합격률은 자소서를 고친 이후에는 80%까지 올라갔다. 문제점의 개선이 기아를 합격할 수 있는 발판이 된 것이다.

또한 엉성하거나 논리 없이 어필만 쏟아내는 자소서는 면접 전형에서 지원자들에게 부메랑이 되어 돌아오기도 한다. AI의 도움을

옴스잡스의 스펙을 뛰어넘는 자소서

받아 역량 키워드와 억지로 연결 짓고, 심지어 거짓으로 작성된 일부 내용들은 면접에서 지원자들의 발목을 잡는 족쇄가 된다. 지원자의 호소와 어필을 있는 그대로 믿지 않고, 하나하나 꼬치꼬치 캐묻그, 파고들면서 진실을 파헤치려는 면접관들 앞에서 지원자들은 속절없이 무너져 내린다. 미사여구로 과장된 내용들이 막상 대수롭지 않은 일이었음이 드러나는 순간, 지원자는 '사소한 사실도 부풀리는 사람'으로 인식될 수밖에 없다.

뛰어난 스펙이 크게 작용해 면접응시율이 좋은 지원자들의 경우 자소서를 쓸 때와 동일한 방식으로 면접을 준비하게 될 가능성이 높다. 합격률이 괜찮았으니 문제가 있다고 의심하기 어려울 수밖에 없다. 자신의 경험을 역량 키워드와 연결하고, 수치화를 활용해 야무지게 성과를 강조했던 방식을 고스란히 면접에 적용한다. 실제로 대한민국 지원자 중 99%는 1분 자기소개에서 자신의 주요 경험과 성과를 기반으로 직무 전문성을 어필한다. 인생기술서를 활용해서 경험을 하나하나 세세하게 고찰하면서 본인의 주관과 관점을 찾고, 정리하면서 설득의 논리를 쌓은 게 아니라 어떤 경험을 어떤 키워드로 어필하면 좋을지만 내내 고민한 지원자의 답변이 면접에서 소구될 가능성은 제로다.

AI를 활용해서 지원 회사, 직무 적합성을 고려한 자소서를 써달라고 수없이 요청했다면 문제는 더 심각하다. 지원자 스스로 생각을 제시하고, 논리적으로 설득할 힘 자체가 없다는 의미이기 때문이다. 그래서 어찌어찌 서류전형을 넘어도 결국 AI에게 자신의 이력서를 맡기고, 예상되는 질문과 답변까지 모조리 부탁하는 악순환이 반복된다.

결국 자소서를 작성하기 전부터 취업 3요소를 학습하고, 파고들면서 사고를 확장하고, 나만의 관점들을 쌓고, 설득해보는 연습을 반복하는 과정을 얼마나 치열하게 거쳤느냐에 따라 면접 준비의 부담은 낮아지고, 실제 면접장에서의 순발력은 높아진다. 두산에너빌리티 PM 직무에 합격한 지원자는 3명의 면접관과 3 대 1로 40분가량 진행된 구조화면접을 '따로 준비할 필요가 없었다'고 했다. 구조화면접은 집요하게 지원자의 생각과 판단을 파고들고, 근거 하나까지 세세하게 검증하는 면접 방식으로 지원자들이 가장 어렵게 느끼는 면접 전형이다.

합격자는 그럴 수 있었던 이유로 다음과 같이 이야기했다. "꾸준히 나-직무-산업을 공부했고, 새로운 직무와 산업을 만나도 제 관점에서 해석하고 생각을 말하는 훈련을 옴스님과 꾸준히 해왔기 때문이었다고 생각합니다. 그리고 90장에 달하는 인생기술서를 읽고 생각을 자꾸 얹어 봤었기 때문에 경험에 대해서 파고드는 구조화면접 준비는 따로 할 필요가 없었습니다. 두산 면접 전에 '이렇게 인생기술서만 읽으면 되나?'라고 생각하면서 면접장에 갔는데, 모든 답은 인생기술서랑 면접반 때 나눴던 옴스님과의 대화에 다 있었습니다!" 앞서 언급했던 사실이지만 합격자의 주력 준비 직무는 해외영업이었고, PM은 처음 준비하는 직무였음에도 면접관들로부터 최고의 평가를 받으면서 합격할 수 있었다.

 옴스잡스의 스펙을 뛰어넘는 자소서

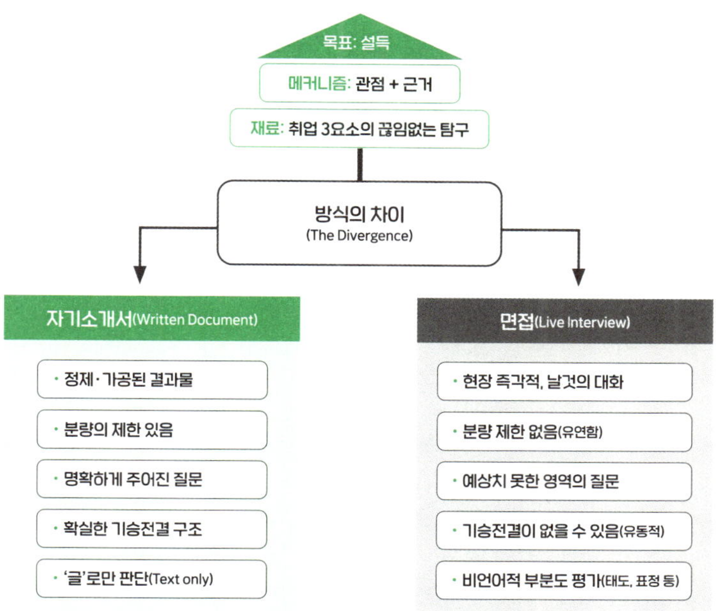

치열한 고민의 산물들은 차곡차곡 쌓여서 쉽게 잊히지 않는다. 자소서를 쓰기 전부터 철저하게 앞선 고민의 과정들을 체계적으로 반복하자. 고통스럽게 노력한 만큼 면접 준비는 더 쉬워질 것이고, 면접에서 임할 때의 불안감도 자연스럽게 줄어들 것이다.

탄탄한 면접 준비는
자소서부터 시작된다

자소서 작성 단계에서부터 많은 고민과 노력을 쏟을수록 면접 준비 과정에서 소요되는 시간과 에너지를 현저히 줄일 수 있다. 특히 공채가 한번 시작되면 끊임없이 닥쳐오는 서류 마감 일정과 인적성 시험 준비에 묶여 자소서 내용 하나하나를 곱씹을 여유가 없어진다. 그래서 자소서 작성 단계에서부터 면접 단계까지 연결될 수 있는 취업 내공을 키우는 게 중요하다.

면접에서의 질문은 크게 두 가지로 나뉜다. ① 사실 자체를 묻는 질문, ② 지원자의 생각을 묻는 질문이다. 첫 번째는 '이건 어떤 경험인지', '인턴 당시 어떤 역할을 맡았는지', 'ㅇㅇ교육에서는 뭘 배웠는지', '우리 회사의 주요 사업과 상품을 알고 있는지'와 같은 질

옴스잡스의 스펙을 뛰어넘는 자소서

문 유형이 해당된다. 잘 알고 있다면 답변할 수 있는 것들이다. 두 번째는 '삶의 목표가 무엇인지', '협업에서 중요한 게 뭐라고 생각하는지', '우리 산업에 위협을 줄 수 있는 요소는 무엇인지', '입사하게 되던 직무에서 어떤 업무 수행해보고 싶은지' 등의 질문이 해당된다.

대부분 첫 번째 유형의 질문들은 어찌어찌 대응이 되겠지만 결국 문제는 두 번째 유형이다. 아직도 '저런 질문에 뭘 답변해야 하냐'라는 생각이 앞선다면 1장부터 다시 읽고 오는 게 좋겠다. 깊고 좋은 관점과 생각은 '다양한 재료들을 깊게 탐구하는 과정'에서 파생된다. 즉, 인생기술서를 작성하고, 성찰하는 단계에서부터 자기소개서를 작성할 수 있는 수준의 소재와 주제를 확보하는 데 그치지 않고, 과거의 수많은 순간을 얼마나 많이 구석구석 돌아보면서 나만의 생각을 쌓았냐가 면접의 대응력으로 연결된다는 의미다. 산업·직무 측면에서도 단순히 '산업의 현황과 기업의 특징'을 아는 데 그치는 것이 아니라 앞으로 예상되는 시장의 변화, 이에 따라 파생되는 직무적인 역할과 어려움과 같이 얼마나 깊은 고찰과 고민들을 얼마나 해봤느냐가 면접에서의 순발력과 답변의 깊이로 연결될 수밖에 없다.

스펙초월 합격자들이 하나같이 입을 모아 '특별히 준비한 게 없었다', '하던 대로 했는데 붙었다'라고 이야기하는 이유다. 핵심은 '무엇을 아는가'가 아니라 '어떻게 생각하는가'인 만큼 재료를 확보하고, 정리하는 과정에서 내 사고가 계속 깊어지고, 발산되고 있는지를 점검하는 게 중요하다. 당장에 발화까지 연습하지 않아도 좋다. 뚜렷한 나만의 생각, 확실한 근거만 충분하다면 인적성을 통과한 이후에 발화를 연습하는 과정에서 충분히 다듬을 수 있다.

여기서 절대 주의해야 할 것이 있다. '이 경험을 어떻게 어필할 수 있을까', '직무 연관성이 떨어지는데 괜찮을까', '현업 관련된 정보를 어떻게 파악할 수 있을까'와 같이 또다시 정답을 찾고, 타인의 기준을 찾아다닌다면 결국 사고의 확장은 막히고, 탈락의 악순환에서 벗어나지 못할 것이다.

아래는 자소서를 준비하는 과정에서 미리 고민해보면 면접 준비 시간을 상당히 덜어낼 수 있는 필수 질문 리스트다. 당장에 채용 시즌을 마주하고 있는 중이라면 모든 질문에 대한 고민을 해보기에는 무리일 수 있다. 하지만 나중에 무엇이 필요한지를 미리 인지하고 취업 3요소를 학습하는 것과 필요한 부분만 선택적으로 취한 뒤 면접이 닥쳐서 부랴부랴 부족한 부분들을 채워 넣는 방식은 애초에 효율부터 다를 수밖에 없다.

면접 준비 필수 체크 리스트

1. 나
- 유년기, 중고등학교 시절부터 대학교 입학, 전공 선택까지 인생에서 중요했던 순간들
- 가장 힘들었던 경험, 의미 있었던 도전/성공/실패/협업 경험 돌아보기

옴스잡스의 스펙을 뛰어넘는 자소서

- 주요 경험, 이력 사항에 기입하는 경험들, 참가 이유부터 세세한 상황들까지 돌아보기
- 성격, 취미/특기를 포함한 개인 일상, 인생 목표, 가치관, 철학 등 생각해보기

2. 회사

- 이 산업만이 갖고 있는 본원적인 가치 깊이 있게 탐구해보고, 공감해볼 것
- 동종 산업 군 내 기업들 다양한 측면에서 비교·분석해보고, 각 사만의 매력 생각해보기
- 지원 산업의 현재와 미래, 직무적인 역할과 연결해서 고민

3. 직무

- 직무의 목표, 수행 업무에 대한 포괄적이고, 체계적인 학습과 이해
- 관심 직무만이 갖고 있는 특성, 성격에 대한 깊이 있는 고찰

별것 없다고 생각할 수 있겠지만 위에 정리된 질문들만 깊이 생각해봐도 직무면접부터 임원면접까지 80% 이상 대비가 가능하다. 그리고 차이는 '답변을 다 했다'가 아니라 '어떤 수준의 답변을 했는지' 그 깊이에서 갈린다.

산업·기업·직무의 의미, 필요역량까지 하나의 흐름으로

인성과 태도가 좋아도 지원한 산업·회사·직무에 대해 이해하지 못한 지원자를 채용할 수는 없다. 자신에 대한 깊은 이해만큼 필수적인 부분이다. 자소서 작성 단계부터 산업을 선택한 이유, 그 안에서 당사를 선택한 이유, 왜 이 직무를 하고 싶은지, 이 직무를 수행하는 데 있어서 내가 가진 강점은 무엇인지, 입사 후에는 어떤 일을 맡아보고 싶은지를 하나의 논리적 흐름으로 연결할 수 있다면 1차부터 2차까지 한번에 대비할 수 있는 힘이 생긴다. 100문 100답으로 세세하게 다양한 질문들을 예측할 필요 없이 해당하는 질문들에 대한 생각만 준비가 되어 있다면 산업, 직무 관련 질문들 대부분이 해결된다.

모든 항목마다 간결한 요약문을 뽑아내자

자소서 작성 단계부터 주제를 최대한 간결하게 써보는 연습이 필요하다. 보통 면접에서 질문을 받고, 지원자들이 답변하는 내용은 보통 주제문 또는 요약문 형태이기 때문이다. 면접은 짧은 시간 동안 답변이 이루어지는 만큼 최대한 구체적인 팩트를 활용해 내용과 생각을 압축적으로 전달하는 것이 중요하다. 전체 내용을 아우르면서 형용사 형태의 포괄적인 단어가 아닌 구체적인 단어로 답변해야 하는데, 그러려면 자소서 작성 단계에서부터 신경 써서 연습해보면 좋다. 앞서 5장 '자소서의 품격을 높여줄 디테일과 심플' 챕터를 확인해보면 된다.

해당 직무에 지원한 동기와 해당 직무에 본인이 적합한 이유 및 근거를 본인의 경험, 전공 등과 연계하여 서술하여 주십시오.

영업 전반의 돌발 상황을 해결하려는 자세

영업인은 제품 물동량과 생산 CAPA를 고려하여 제품, 거래 납기, 금액, 특약 사항을 결정하고, 고객사와 본사의 중간에서 수없이 많은 이견을 조율하여 계약을 성사시킵니다. 이처럼 크고 작은 선택들이 모여 계약 성사 여부를 결정하는 만큼, 제품력 하나만으로 증명되지 않는 세일즈 세계에서 영업인의 전문성이 무엇보다 중요하다고 생각해 선택하게 되었습니다.

계약 수주, 제품 인도, 채권 관리, AS까지 전체 프로세스를 담당하는 만큼 수시로 발생하는 돌발 상황을 적극적으로 해결하려는 자세가 필요합니다. 동아리에서 '밀키트 판매 대행 플랫폼' 기획 당시, 프로토타입 시행의 장애물이었던 법적 기반 마련을 위해 일주일간 보건소, 구청, 시청에 매일 문의하고, 변호사 무료 상담을 신청한 결과, 유통전문판매업 신고가 필요함을 확인할 수 있었습니다. 그러나 동아리 단위에서 유통전문판매업 승인은 불가능했기 때문에, 법적으로 문제 되지 않는 선에서 프로토타입을 시행할 수 있도록 타 플랫폼 사례를 조사하여 소상공인과의 콜라보 형태로 진행한 경험이 있습니다.

— 현대제철 국내영업 서류합격자

위 자소서 내용을 그대로 면접에 활용한다면, 직무를 선택한 이유를 묻는 질문에는 "다양한 조건, 이해관계자들 사이에서 수없이 많은 이견을 조율해 내는 과정을 통해 계약을 성사시키는 영업직무의 전문성이 매력적으로 느껴졌다."라고 답할 수 있고, 직무역량을 묻는 질문에는 "치열하게 부딪히면서 이견을 조율해 나갈 수 있는 강점이 있다."라는 답변과 함께 동아리에서 밀키트 프로젝트를 진행하는 과정에서 마주했던 어려움들을 치열하게 고민하면서 해결해 나간 과정을 근거로 덧붙여 답변을 마무리할 수 있다. 피상적이고 뻔한 역량 키워드의 나열, 구체성이 떨어지는 상황 근거와 엉성하게 조합된 자소서는 작성자의 정돈되지 않은 사고와 깊이를 그대로 드러낸다.

갈수록 1차 면접과 2차 면접 간의 경계가 흐려지고 있다. 보통 1차 면접에서는 직무역량을 집중적으로 검증하지만 지원동기, 이직 사유, 공백기를 제대로 설득하지 못해 탈락하는 고스펙 지원자들이 늘고 있다. 실제로 삼성그룹 직무면접, 현대기아차 1차 직무면접에서도 인성 관련된 질문들이 주를 이루는 경우가 많다. 반면

옴스잡스의 스펙을 뛰어넘는 자소서

인성 면접 위주일 것이라고 생각했던 2차 임원면접에서 산업, 직무 관련 질문을 받고 당황했다는 지원자들의 후기도 심심치 않게 볼 수 있다.

AI의 등장으로 채용 시장도 급변하고 있다. 서류, 인적성, 면접, 당장에 닥친 전형을 소화하는 데 급급한 주먹구구식 대응으로는 극심해진 경쟁 속에서 생존을 장담할 수 없다. KIA 글로벌사업, LG CNS ERP, 삼성SDI 셀소재개발, LG전자 R&D, SK케미칼 금융, LIG넥스원 IPS, 넷마블 마케팅, 코스맥스 영업, 모두 본래 목표했던 관심 산업, 관심 기업이 아닌 곳에 합격한 사례들이다. 어디에 반드시 가고 싶다는 욕심 대신 기본기를 단단하게 다지는 데 집중했던 이들에게는 항상 생각지 못한 기회가 찾아온다. 우리에게 필요한 건 어디든 가고 싶다는 절박함이 아니라 어디든 갈 수 있는 탄탄한 실력이다.

면접의 7할은 기세다

인생은 '운칠기삼', 면접은 '운삼기칠'이다. 많은 면접자가 면접관이 무슨 질문을 할까, 내가 이런 답변을 해도 될까, 너무 선을 넘는 답변이면 어떡하나 같은 고민을 토로한다. 잘 보이고 싶고, 실수하고 싶지 않다는 과도한 상대 의식과 걱정은 자신감 결여, 형식적이고 딱딱한 답변으로 이어진다. 자신이 하고 싶은 말 대신 그들이 듣고 싶어할 것이라고 생각되는 답변을 하는 과정에서 개성이 사라지고 뻔한 답변을 벗어나지 못한다.

"하나를 보면 열을 안다."라는 말이 있다. 면접장에서 마주한 모습을 통해 그들의 일상 속 모습을 가늠할 수 있다. 항상 타인의 시선을 의식하며 속 시원하게 말하지 못하는 지원자가 실제 업무 상황에 닥쳤을 때 자신의 의견을 가감 없이 제시하고 자신감 있게 소통할 것이라 기대하기는 어렵다. 자신감, 기세, 패기는 면접의 판도를 바꿀 수 있는 화룡점정이다.

면접에서의 자신감은 치열한 자기성찰이 만들어낸 단단한 사고와 철학의 결과다. 이를 화려하게 꾸미기보다 자신만의 어조와 색깔을 있는 그대로 드러낼 때 전달력은 더욱 강해진다.

면접도 일면식 없는 사람들 간의 첫 만남이다. 면접관은 서류로만 보던 지원자들을 직접 마주하고, 한 시간도 채 되지 않은 제한된 시간 동안 주고받는 몇 번의 대화를 통해 그들을 평가해야 한다. 기업의 입장에서 평가항목을 최대한 세분화해 객관적이고 공정하게 평가한다고 한들 평가점수를 부여하는 주체는 결국 면접관이다. 주관이 개입될 수밖에 없다는 의미다. 특히 지원자들이 처음 면접장에 입장하는 순간 결정되는 첫인상은 주관적 평가에 큰 영향을 미친다.

처음 문을 들어서는 순간의 용모나 인상, 걸음걸이부터 신경 써야 한다. 자신감 넘치는 표정과 멀끔한 용모를 갖춘 지원자에게는 좀 더 눈길이 가고 똑같은 답변을 해도 좀 더 신뢰가 느껴지는 것은 당연하다. 반대로 긴장한 기색이 역력하고, 잔뜩 경직된 표정으로 몸을 움츠러든 지원자들을 바라보고 있으면 보는 사람까지 심장이 쪼그라들고 불안감을 느낀다. 시종일관 자신 없는 말투와 태도로 일관하는 발표자를 바라볼 때의 기분을 떠올려보라.

그렇다고 과도하게 의식할 필요도 없다. 허리와 턱의 각도, 주먹을 말아쥐는 강도, 시선 처리의 각도와 빈도 등등, 이 많은 것들을 신경 쓰면 쓸수록 머리는 복잡해지고, 긴장감은 높아지고, 순발력은 떨어진다. 면접은 자연스러운 대화를 통해 지원자의 진심과 진정성을 확인하는 과정이지, 사관학교 후보생을 뽑는 자리가 아니다. 격식을 갖춘 최소한의 복장과 기본적인 자세를 유지하되 억지로 경직된 자세를 취하기보다는 스스로 편안함을 느낄 수 있는 조금은 이완되고, 편한 자세로 면접에 임하는 게 핵심이다.

발화에 있어서도 전투적이거나 유창해야 할 필요는 없다. 수려한 외모는 아니지만 정이 가고 친근한 인상으로 좋은 느낌을 주는 사람이 있는 반면, 훤칠하고 단정한 용모임에도 왠지 모르게 진심이 느껴지지 않고 정이 가지 않는 사람도 있다. 때로는 어리숙한 모습을 보여도 좋고, 정제되지 않은 날것 그대로의 표현으로 유치한 이야기를 해볼 수도 있다. 꾸밈없는 답변은 면접관들에게 의외의 즐거움을 줄 수도, 지원자의 꾸밈없는 모습이 무엇인지 상상할 수 있는 기회를 주기도 한다. AI 시대의 도래로 지원자들의 답변이 정형화되고, 본연의 생각이 사라질수록 다듬어지지 않은 날것 그대로의 모습과 색깔을 가진 지원자의 가치는 갈수록 높아질 것이다.

　　　　　　　　　　옴스잡스의 스펙을 뛰어넘는 자소서

담담하지만 확신 있는
자기만의 어조로 이야기하자

"정말 준비 잘 해오셨네요." "말을 참 잘하시네요." 같은 칭찬을 듣고도 면접 탈락을 경험한 지원자들이 많다. 하고 싶은 이야기도 다 했고, 칭찬까지 다 했는데도 탈락이라니 '멘붕'이 올 수밖에 없다. 반대로 엄청난 압박을 경험하고 합격하는 이들이 있다. LG에너지솔루션 공정기술, 설비기술에 합격한 지원자도 그랬다. 워낙 긴장을 많이 하는 성격에 답변도 시원하게 하지 못했던 것 같고, 공백기, 직무 적합도가 떨어지는 이력까지 공격을 당한 터라 합격을 기대하지 않았지만 LG그룹 입사에 성공할 수 있었다.

어떻게 전부 답변했는데 떨어지고, 답변을 제대로 못 한 사람은 합격할 수 있을까? 이런 상황이 납득되지 않는 이유는, 채용 담당자가 원하는 면접의 본질을 잘못 이해하고 있기 때문이다. 대부분 청산유수로 막힘없이 유창한 말솜씨로 면접관들의 질문에 답변하는 지원자들을 보면서 부러워하는 경향이 있지만 화려한 달변보다는 진정성 있는 눌변을 부러워해야 한다. 취업 자체를 목표로 '어필'에만 집중해 유창하게 호소하는 지원자보다, 담담하게 자신의 생각을 풀어내는 지원자의 말에 오히려 더 귀 기울이게 된다. AI 활용도가 점점 더 높아질수록 자신만의 이야기를 있는 그대로 할 수 있는 지원자들의 가치는 더욱 높아질 것이다.

CJ프레시웨이 영업 직무 합격자는 2년 동안 총 158개의 서류를 지원하고, 25번의 면접을 봤지만 면접만 가면 번번이 탈락했다. 원래도 말을 많이 더듬는 편이었는데 탈락이 계속 겹치다 보니 갈수록 더 위축되면서 악순환이 반복됐다. 특히 공백기 질문과 전환형 인턴 탈락 등과 관련된 질문은 도무지 어떻게 답변해야 할지 실마리를 찾을 수 없어서 답답함을 느꼈다. 파훼법은 정면 돌파였다. 필자는 합격자에게 있는 그대로 왜 길어졌는지 받아들이고, 지금 어떤 심정으로 이 자리에 섰는지 자신 있게 이야기하라고 권했다.

그렇게 합격자는 공백기 질문에 대한 답변을 정공법으로 전환했다. "공무원을 준비하다 실패했고, 뒤늦게 사기업 취업으로 돌려 새롭게 진로를 정하고, 부족한 산업, 직무 이해를 보완하고, 일할 수 있는 실력을 갖추는 데까지 시간이 오래 걸렸다."라고 본인의 부족함을 그대로 인정했다. 마지막 할 말에서는 "꿋꿋하게 꾸준히 노력하는 지원자다. 공무원 시험 그만두고 부모님께 손 벌리지 않고 아르바이트와 취업 준비를 병행하여 꾸준히 노력하여 이 자리까지 올 수 있었다. 식자재 유통 경쟁이 심화되는 상황, 고물가, 까다로운 고객 니즈 등 위기 상황에서도 꿋꿋하게 노력하여 소비자 만족과 매출 성장에 기여하고 싶다."라며 부족한 스펙, 적지 않은 나이라는 악조건에 주눅 들지 않고, 자신이 처한 상황에서 어떤 심정으로 여기까지 왔는지 당당하게 답변했고, 최종합격까지 할 수 있었다.

면접은 지원자의 언변과 말솜씨를 보는 전형이 아니다. 회사나 직무에 대한 뚜렷한 관심을 갖고 있는지, 좋은 인성과 태도를 갖고 살아왔는지, 직장 내에서 업무를 익히고 수행하는 데 필요한 기본

　　옴스잡스의 스펙을 뛰어넘는 자소서

적인 자질을 갖추고 있는지, 동료들과 잘 어울려 일할 수 있는지 등을 파악하는 것이 면접의 목적이다.

AI 시대의 면접 분위기가 많이 바뀌고 있다. "준비된 답변 말고, 진짜 자기소개 해주세요." 같은 주문도 늘고 있다. 지원자들이 철저하게 준비해온 형식적인 답변은 듣고 싶지 않다는 의미이고, 날것 그대로의 색깔이 궁금해서 던지는 질문들이다. 그래서 지원자들이 준비하지 못했을 것 같은 부분들을 찾는 데 집중하는 게 트렌드다.

화려한 포장과 미사여구를 더할 시간에 진짜 나만의 색깔, 진짜 나의 진심을 찾는 데 집중하자. 언제든지 어떤 질문을 받든지 자신만의 화법과 스타일로 자신만의 논리를 담담하게 전달해보자. 가장 투박해 보이는 고백이 가장 가슴을 울리는 고백이 되어 결국 취업이라는 결실을 맺을 수 있을 것이다.

깐깐한 압박과 검증은 면접의 기본이다

"압박면접, 구조화면접만 마주하면 한없이 작아집니다. 어떻게 해야 할까요?" 모든 지원자의 고민일 것이다. 채용 담당자 입장에서 보자면 '나'라는 제품은 난생처음 접하는 상품이다. 의심의 눈초리로 구석구석 꼼꼼하게 검증하는 것은 당연하다. 어설픈 말솜씨로 얼렁뚱땅 제품을 팔아넘기려는 상대에게 검증되지 않은 제품을 구매해줄 어리숙한 채용 담당자는 없다.

그래서 면접이 기본적으로 '압박면접' 형태를 띠어야 하는 것은 당연하다. 일반적으로 대학생들이 거쳐가는 교내외 활동에 참여하고, 취업 목적의 활동을 적극적으로 도전한 경험으로 표현하거나 타인과 불편한 관계를 만들지 않기 위해 고군분투하며 팀 프로젝트를 수행했던 경험을 협업 능력과 책임감을 배양한 경험이라고 포장하는 지원자들의 이야기를 고분고분하게 믿어줄 수는 없다. "준비된 이야기 말고, 솔직한 자기소개 해주세요." "진짜 지원동기가 뭔가요?"라는 까다로운 질문들이 이어지는 이유다.

NICE평가정보에 최종합격한 지원자는 3점 초반대의 학점이라는 약점을 갖고 있었다. 최종면접에서 서울대에 4점대의 학점을 가진 지원자와 경쟁했고, 면접관들은 학교를 오래 다닌 이유와 학점과 관련된 질문들을 집요하게 파고들었다. 합격자는 "학업 이외의 활동에 치중하는 과정에서 학업에 소홀했고, 나중에 이를 만회하기 위해 6번의 계절학기를 수강하면서 선택에 책임지는 것이 얼마나 힘든 것인지 깨닫게 됐다."와 같이 솔직하게 인정할 부분은 인정하면서도 성찰의 결과를 함께 답변했다.

삼성SDI 영업마케팅에 중고신입으로 합격한 수강생은 본래 이름 있는 그룹사에서 해외영업을 진행 중이었고, 면접관으로부터 "지금 다니고 있는 회사 좋은 회사인데 왜 이직하려고 하는가?"라는 질문을 집요하게 받았다. 첫 면접에서는 삼성SDI의 기술력에 감명받았고, 우수한 기술력을 바탕으로 영업 역량을 펼치고 싶어서

옴스잡스의 스펙을 뛰어넘는 자소서

지원했다고 했지만 결과는 탈락이었다. 재도전했던 면접에서는 정면으로 맞섰다. "지금 다니는 회사도 네임 밸류나 연봉도 괜찮은 게 맞다. 하지만 업종의 특수성 때문에 한계가 명확해 보였고, 그래서 더 늦기 전에 더 먼 미래를 보고 업종을 전환해보고 싶었다."라고 솔직하게 답변함으로써 면접관들을 납득시킬 수 있었다.

'오늘은 부디 내 약점에 관한 질문은 하지 않았으면 좋겠다'는 생각은 버려라. 어차피 면접관들은 집요하게 약점을 찾고, 파고들 것이다. 치열한 경험 복기와 과거 반성을 통해서 문제점을 받아들이되 앞으로 무엇을 어떻게 해낼 수 있는 사람인지를 보여주는 데 집중하자. 누구에게나 약점은 있다. 약점은 숨겨야 될 대상이 아니라 드러내고, 개선함으로써 성장을 이룰 수 있는 밑거름이다. 과거의 아픔과 실수, 부족함이 나를 키운 밑거름이고, 지금의 나는 얼마나 괜찮고, 준비된 사람인지를 자신감 있게 세일즈해보자.

합격률을 높이는 면접의 기술

합격자들은 보법부터 다르다. 전형적인 사고방식에 익숙해져 있는 독자들을 위해 빠르게 개선할 수 있으면서도 큰 효과를 거둘 수 있는 합격자들의 면접의 기술을 소개한다.

경험 나열식 자기소개 대신 진짜 '자기소개'를 해보자

지원자들은 자기소개를 통해서 어떻게 직무 전문성을 잘 보여줄 수 있을까를 고민한다. 하지만 면접관들은 키워드 중심의 경험

또는 경력 요약이나 나열식의 자기소개를 원하지 않는다. 지원자가
가진 결이나 색깔, 캐릭터, 성향, 매력 등을 통해 첫인상을 가늠해보
기 위한 것이 자기소개다.

다양한 도전과 경험을 통해 글로벌 마인드와 실무역량을 두루 갖춘 지
원자 옴스잡스입니다. 우선 어렸을 적 7년 간의 미국 생활을 하는 과정
에서 자연스럽게 해외 시장에 대한 관심을 키우고, 다문화를 수용할 수
있는 포용력을 키울 수 있었습니다. 또한 △△마케팅 학회 활동을 하면
서 수십 개 기업을 직접 분석했고, 5회 이상의 공모전 참여, 3회 수상이
라는 결과를 통해 마케팅 중심적 사고와 실무경험을 두루 갖출 수 있었
습니다. (하략)

저는 H사 품질 직무에 꼭 맞는 3가지를 갖춘 인재입니다. 하나, 높은 직
무 전문성입니다. 직무부트캠프에 참여해 직무 이해를 높였으며 품질
관련 자격증 취득과 현장실습으로 직무 수행에 필요한 지식을 함양했습
니다. 두 번째로, 책임감과 협업 능력입니다. 학생회부터 동아리, 아르바
이트 등 다양한 외부 활동에 적극적으로 참여해 많은 사람들과 소통하
고, 어울리며 함께 일하는 것의 가치를 몸소 느끼며 맡은 업무에 있어 최
선을 다했습니다. (하략)

갈수록 스펙은 상향 평준화되고, 깊은 생각 없이 활동 자체에만 집중했던 경험의 가치는 퇴색된다고 강조했다. 직무역량 키워드와 주요 경험, 성과를 어떻게 1분 안에 최대한 어필할 수 있을까를 고민하는 자체가 시간 낭비가 될 수 있는 이유다. 당연히 지원자의 색깔이나 개성을 가늠해볼 만한 단서, 실마리 하나도 찾을 수 없다. 열심히 준비한 자기소개를 실수 없이 완벽하게 답변했는데도 "준비된 거 말고 진짜 자기소개를 해달라"는 말을 들었다면 내 자기소개가 전혀 먹히지 않았다는 뜻이다.

회사·직무 지원동기, 이력사항과 관련된 내용은 자기소개 뒤에 이어질 면접 질문들을 통해 답변할 기회가 충분히 있다. 지금 처음 만난 면접관들에게 내가 다른 경쟁자들과 어떻게 다른 사람인지, 어떤 깊이가 있는 사람인지를 보여줄 수 있는 자기PR 시간에 굳이 남들 다 하는 쓸모없는 경험, 성과 나열에 쓸 필요가 없다.

맞는 걸 두려워 않는 지원자 □□□입니다. 처음 킥복싱을 배울 때는 맞는 게 두려웠습니다. 하지만 그렇게 맞는 것을 피해 다닐수록 실력은 늘지 않고, 겁만 늘었습니다. 이래서는 변화가 없겠다는 생각이 들어 스파링에 부딪혔습니다. 제대로 가드하고, 상대 공격에 맞서다 보면 생각보다 아프지 않고, 오히려 맞으면서 상대방의 타점이 훨씬 잘 보이고, 실력도 늘며 공격도 가능해졌습니다. 일, 알바를 할 때도 부딪혀 보자는 마인

   옴스잡스의 스펙을 뛰어넘는 자소서

드로 돌파구를 찾고, 좋은 결과를 낼 수 있었다고 생각합니다. 유니클로 UMC로서도 빠르게 변하는 고객 요구사항과 트렌드, 지속적인 아이디어의 제시와 적용을 통해 경쟁력을 높여나가는 게 중요합니다. 수많은 고통과 어려움이 있겠지만 판매전략 수립부터 VMD, 크고 작은 일들까지 하나하나 부딪히면서 성장하는 지점관리자가 되겠습니다.

- 유니클로 UMC 최종합격자 '1분 자기소개'

유니클로 UMC 합격자의 자기소개다. 이 합격자는 본래 마케팅 쪽 취업을 목표로 했던 지원자로 관련 경험이나 이력도 전부 마케팅 쪽이었다. 대부분 지원자는 지금과 같이 본인의 이력과 다른 분야를 지원해야 하는 상황에서 어떻게든 관련성이 조금이라도 있다는 것을 어필하는 데 집중하지만, 합격자는 그러지 않았다. 꾸준한 취미였던 킥복싱의 소재를 활용해서 자신이 얻은 삶의 깨달음과 태도를 전달하는 데 집중했고, 영업관리만을 목표로 오랜 기간 취업을 준비해온 경쟁자들을 제치고, 최종합격을 할 수 있었다.

자기만의 생각, 가치관, 철학을 분명하게 보여주는 것은 자신을 드러낼 수 있는 좋은 방법 중 하나다. 중심은 경험이 아니라 생각이고, 경험은 생각의 설득력을 높여주는 수단일 뿐이다. 1분 만에 역사를 바꿀 수는 없다. 남들은 뻔한 이야기로 시간을 낭비하고, 면접관들의 인상을 찌푸리게 만들 때 내 차별화된 생각 하나라도 온전하게 전달하고, 납득시켰다면 그 자체만으로도 성공이다.

　더 다양한 사례와 구체적인 노하우를 얻고 싶다면 아래 QR코드를 통해 필자의 유튜브 채널에 업로드된 1분 자기소개 분석 영상을 참고해볼 것을 권한다.

'1분 자기소개' 탈락/합격 사례
완벽 정리

모든 경험은
간단명료하게 핵심만

면접관　여기에 작성한 공모전 수상은 무슨 경험인가요?

지원자　학회에서 화장품 시장에 대한 분석을 했던 적이 있는데 마침 조사했던 시장과 연관성이 있는 공모전이 ○○사에서 실시되는 것을 보았습니다. 같이 프로젝트를 진행했던 4명의 회원들과 팀을 구성해서 …

　면접관들은 지원자에게 있었던 사소한 사건, 사고의 과정부터 결과까지 구구절절 듣고 싶어 하지 않는다. 면접관이 "네, 알겠습니다. 거기까지 하시죠."라는 말로 답변을 잘랐다면 본인의 답변이 불필요한 서사와 장황한 설명으로 길어지고 있다고 생각해도 좋다.

건질 내용은 없고, 시간만 길어져 지루함을 느낀 면접관들이 지원자들에게 던지는 말이 바로 그 말이다.

면접은 한정된 시간 동안 많은 지원자들을 평가해야 하는 전형이기 때문에 자신에 대해 판단할 수 있는 핵심적인 근거들만 최대한 간결하고 명료하게 전달하는 것이 중요하다. 지원자들의 입장에서는 모든 경험과 과정이 소중하게 느껴지겠지만 질문을 중심으로 생각하면 답변의 핵심은 아주 명확하다. 다음 질문에 대한 답변을 비교해보자.

동아리나 단체활동 중 기억에 남는 경험이 있습니까?

ⓐ 제가 동아리 회장을 맡았을 당시 해체 위기에 처해 있던 동아리를 남다른 적극성과 노력을 통해 새롭게 부흥시켰던 경험이 있습니다. 저희 동아리는 당시 …
ⓑ 대학교 축제 기간에 맞춘 보물찾기 프로젝트를 기획해 학생들의 자연스러운 참여를 이끌고 ○○기업의 제품도 효과적으로 홍보했던 경험이 있습니다.

질문의 핵심은 기억에 남는 경험이다. 면접관은 ⓐ와 같이 장황한 상황, 배경 설명이 아니라 ⓑ처럼 어떤 상황에서 어떤 점이 기억에 남았는지에 해당하는 구체적인 내용이 듣고 싶은 것이다. 질문의 답변에 해당하는 핵심 정보만을 압축적으로 간결하게 전달하는 것이 핵심이다. 이는 면접관들이 추가 질문을 통해 지원자들의 생각을 이끌어낼 수 있는 기준점이 된다.

물론 훈련이 필요하다. 항상 질문에 대한 정확한 답변이 무엇인지를 생각하고, 구체적인 정보, 사례 또는 경험으로 답변 내용을 구성할 수 있어야 한다. 그래서 꼼꼼한 인생기술서 작성과 전체 경험에 대한 정리가 선행되어야 한다.

짧은 시간 동안 핵심만 전달할 수 있는 능력, 이는 꼭 정보 전달의 효율성을 위해서만이 아니라 똑 부러지는 역량을 보여줄 수 있는 수단이기도 하다.

대본을 암기하지 말고 진솔한 대화를 추구하자

"B씨는 면접 준비를 정말 잘한 것 같아요." 지원자 B가 현대백화점 최종면접에서 임원에게 들었던 말이다. 지원자 B는 스스로 생각해도 다른 지원자들보다 자신의 답변과 대응력이 가장 좋았다고 생각했고, 임원이 직접 구두로 칭찬까지 했지만 결국 최종면접에서 탈락했다. 당시에도 B는 본인이 탈락한 이유를 알 수 없었다.

"B씨는 준비가 정말 잘 되어 있는 것 같은데 어떤 사람인지 잘

　　　　　　옴스잡스의 스펙을 뛰어넘는 자소서

모르겠어요." 지원자 B는 현대카드 1차 면접에서 똑같은 말을 들어야 했다. 면접관은 지원자 B가 모든 질문에 유창하게 답변했고, 잘 준비되어 있다는 느낌을 받았지만 그래서 오히려 어떤 색깔을 가진 사람인지 가늠하기 어렵다는 아쉬움을 토로했다. 정말 마지막으로 기회를 줄 테니 솔직하게 본인을 표현해보라는 면접관의 질문에, 지원자 B는 "전 독한 X다."라고 답변했고, 합격했다.

필자는 2017년, 서울대학교 교직원 면접을 볼 당시, 1, 2차 면접에서 스트레스를 해소하는 방법, 취미에 대한 질문을 받았다. 망설임 없이 '음주와 게임'을 이야기했다. 대한민국 최고의 상아탑이라 불리는 대학에서 어떻게 이런 이야기를 할 수 있냐고 생각할 수 있겠지만 음주는 성인이라면 누구든 평범하게 즐기는 스트레스 해소 수단이자, 누군가에게는 쇼핑이 취미이듯 나에게는 게임이 취미였던 만큼 거리낌 없이 이야기했다. 최종 임원면접에서는 서울대학교의 교훈을 묻는 질문에 답변하지 못했음에도 불구하고 최종합격을 할 수 있었다.

대부분의 지원자는 듣는 입장에서 의문을 갖고, 파고들 것 같은 여지가 조금이라도 있을 것 같다면 이야기하기를 꺼린다. 모든 질문에 철저하게 약점을 노출하지 않는 완벽한 답변을 준비하고, 빈틈없이 암기해서 대처했다고 생각하겠지만 듣는 입장에서는 AI가 써준 대본을 그대로 읽는 프롬프터로 보일 뿐이다. 평소 내 경험, 색깔, 생각을 있는 그대로 받아들이고, 전달할 수 있어야 한다는 생각을 하지 않는다면 변화는 더욱 더디고, 합격은 묘연해질 것이다.

문제는 열심히 예상 질문을 뽑고, 자소서를 쓰듯 답변을 '타이핑'하는 과정에서 시작된다. 글과 말은 성격부터 다르다. 글은 '격식 있는 사고의 결과물'이라면 말은 '즉흥적으로 이뤄지는 대화'다. 자소서는 질문을 읽고, 주어진 분량 안에서 어떤 구성으로 어떻게 체계적으로 내 논리를 설득할 것인지를 고민하고, 표현을 정제하고 다듬어서 완성된다. 말은 질문을 듣고, 내 생각이나 답변을 즉흥적으로 맥락을 고려하면서 풀게 되고, 즉시성 때문에 표현 하나하나 정교하게 다듬어 가면서 대화를 풀어나가는 건 불가능에 가깝다.

스크립트 작성과 암기의 부작용은 여기서 그치지 않는다. 세세한 단어 하나부터 문장의 구성, 흐름까지 토씨 하나 틀리지 않고, 암기에 집중하는 지원자들은 돌발상황 대처 능력이 현저하게 떨어진다. 예상 질문을 조금만 벗어나도 크게 당황하고, 식은땀이 흐른다. 암기라도 잘하면 그나마 다행이지만 단어 하나만 떠오르지 않아도 발화가 중단되어 이후 답변을 이어가지 못하는 최악의 상황도 마주한다. 탈락이 반복될수록 면접 트라우마는 점점 더 커지고, 면접 자체가 공포가 된다.

면접을 보는 이유는 정제되지 않고 나오는 지원자의 답변을 통해서 자소서에서 확인할 수 없었던 지원자의 사고방식과 생각을 확인하기 위함이다. 그렇기 때문에 면접 질문을 자소서 질문이라고 생각하면서 어떻게 완벽한 구성과 어필을 할 수 있는지를 고민하기보다는 '이 질문에 나라면 어떤 답변을 어떻게 해야 자연스러울까'를 건저 고민해야 한다. 그래서 평소에도 질문을 있는 그대로 듣고, 받아들이면서 내가 답변할 수 있는 나만의 생각과 근거가 있는지를 확인해보고, 내 본연의 색깔, 나만의 감정이 온전히 드러나는지를 점검해보는 게 중요하다.

Q. 살면서 가장 힘들었던 순간은 언제입니까?

1) 언제 왜 힘들었는지를 답변하면 되겠다고 생각한다.

2) 답변 가능한 내용을 떠올려본다. 예를 들면 '재수할 때 공부 잘하는 애들 사이에서 부족함을 크게 느꼈던 때의 이야기를 하면 되겠다'는 생각을 해본다.

3) 편하게 답변으로 구성해본다. "재수를 할 때가 제일 힘들었다. 나보다 뛰어난 사람들 사이에서 내 부족함을 크게 느끼면서 자존감도 떨어졌고, 경쟁에서 살아남기 위해 고군분투하는 과정 자체가 쉽지 않았다."

4) 이후의 상황과 의미를 붙여본다. "재수를 할 때가 제일 힘들었다. 나보다 뛰어난 사람들 사이에서 내 부족함을 크게 느끼면서 자존감도 떨어졌고, 경쟁에서 살아남기 위해 고군분투하는 과정 자체가 쉽지 않았다. 하지만 그렇게 성적 차이를 좁히기 위해서 평소보다 하루 1시간씩 더 남아서 공부를 하고, 뭐까지 하면서 성적을 올릴 수 있었고, 그 과정에서 계속 환경을 바꾸면서 자극을 받는 게 성장

에 큰 도움이 될 수 있다는 깨달음을 얻었던 것 같다."

5) 여기서 굳이 단어들을 더욱 정제하고, 다듬기보다는 있는 그대로 질문에 맞춰서 당시 상황, 내 심정, 생각을 있는 그대로 발화하는 연습을 반복한다.

스크립트를 굳이 쓰겠다면 최소한 1~4번의 과정을 거친 뒤에 써보는 게 좋다. 이때 세세한 표현 하나하나에 집착할 필요도 없다. 수치화, 성과는 그렇게 중요하지 않다. 전달해야 하는 뉘앙스와 메시지가 전달됐느냐가 핵심이다. 그게 성공했다면 어차피 면접관들이 더 궁금한 부분들에 대해서 구체적으로 추가 질문을 할 것이다. 그래서 일일이 접속사, 역량 키워드, 핵심 단어를 신경 쓸 필요 없이 질문에 대한 답변이 완전하게 되었는지만 신경 쓰자. 매번 똑같은 답변을 해내기 위해 철저하게 암기할 것이 아니라 매번 같은 주제의 이야기를 자연스럽게 말하기 위한 연습이 필요하다.

끊임없이 스크립트를 만들고, 역량 키워드를 붙이고, 두괄식 문장과 수치화, 마무리는 어떻게 기여할 것인지를 붙이는 기계적인 패턴에 익숙해질수록 '대화' 자체가 불가능한 존재가 될 수밖에 없다. 면접에 정해진 틀이나 방법은 없다. 더 이상 부자연스러운 면접 AI가 되는 길을 자초하지 말자. 말을 더듬거나 목소리가 조금 작아도 좋다. 답변이 조금 서툴고, 준비했던 만큼 해내지 못해도 좋다. 자신만의 이야기를 자신만의 화법으로 진정성 있게, 사람답게 풀어내자. 자기만의 스타일, 자기만의 화법으로 당당하게 면접에 임하자.

 옴스잡스의 스펙을 뛰어넘는 자소서

면접 유형별 체크 포인트: 역량·토론·PT·임원면접

면접 유형별로 평가하는 요소들이 다르고 그에 따라 진행 방식도 달라진다. 각 유형에서 무엇을 평가하는지, 주안점을 둘 부분은 무엇인지 하나씩 살펴본다.

역량면접
BEI로 대비하라

지원자가 작성한 이력서와 자소서를 기반으로 지원자가 실제로 업구 수행을 위한 기본적인 자질과 역량을 갖췄는지를 평가하는 면접이다. 입사 지원 시 기입한 이력사항과 자소서의 내용이 기본적인 토대가 되고, 여기에 산업, 직무에 대한 이해도도 함께 점검하게 된다.

먼저 회사 입장에서 가장 중요하게 검증하게 되는 부분은 '이력과 경험의 진실성'이다. 지원서는 분량의 제한이 있는 만큼 지원자들이 실제로 구체적인 상황 안에서 무엇을 얼마나 어떻게 고민했는지, 어떤 생각을 했는지, 무엇을 배웠는지까지 일일이 확인할 수 없다는 한계점이 있다.

그래서 면접관들은 자소서 안에서는 볼 수 없었던 지원자의 사고방식과 판단, 그에 따른 행동 하나까지 구체적으로 파악해보기 위한 질문들을 던지면서 깊이 파고든다. "업무하면서 특별히 어려웠던 부분은 뭐였는가?" "협업 과정에서 느낀 본인의 단점이 있는가?" "본인은 업무를 수행할 때 어떤 스타일인가?"와 같은 질문들은 상세한 경험 복기와 자기 고찰 없이는 답변이 불가능한 질문들이다.

그들이 보고자 하는 것은 '어떤 업무를 했냐, 어떤 성과를 냈냐'가 아니라 '어떤 태도, 사고방식을 갖고 행동하는 사람인지'다. 이는 '내가 어떤 역량을 갖췄다. 어떤 경험에서 어떤 성과를 냈다' 식의 준비로는 대비가 불가능하다. 있는 그대로 나는 당시 어떤 심정이었는지, 무엇이 특히 어려웠는지, 어떤 고민으로 문제에 접근했는지, 실제로 업무를 해보면서 느낀 점이나 깨달은 점은 무엇인지 당시 상황과 감정, 행동에 대한 세세한 이해가 반드시 선행되어야 한다. "이런 질문은 어떻게 답변해야 하나요?"라는 질문을 할 게 아니

    옴스잡스의 스펙을 뛰어넘는 자소서

라 인생기술서를 활용해서 '구체적으로, 자기성찰적으로 경험을 돌아보는 것'이 올바른 면접 준비의 첫 단계이자 필수과정이다.

BEI 면접(Behavioral Event Interview)은 앞서 언급한 내용을 집중적으로 검증하는 면접 방식이다. 다수의 면접관이 한 명의 지원자를 심층적으로 질문하는 다대일 형식을 취하며, 지원자를 면밀히 평가하고자 하는 기업일수록 이 방식을 채택한다. 삼성그룹, 현대차그룹, 한화그룹 등 주요 대기업 역시 다대일 면접을 통해 지원자의 경험과 사고를 깊이 있게 검증한다.

지원자들이 AI를 활용해 경험을 역량 키워드로 포장하고 어필하려는 경향이 강해질수록, 이를 실제 사례 중심으로 검증하는 BEI 형태의 질문은 더욱 확대될 수밖에 없다.

여기에 앞서 '탄탄한 면접 준비는 자소서부터 시작된다'에서 정리했던 '면접 준비 필수 체크 리스트'를 토대로 준비하면 역량면접, 실무진면접은 충분히 대비가 된다.

인성면접과 역량면접을 구분하지 마라

지원자들은 일반적으로 경험 관련 질문이 나오면 인성 측면을 파악하기 위한 목적으로만 생각하지만 그렇지 않다. 지원자가 갖고 있는 문제인식과 사고방식, 태도, 가치관은 결국 회사에서 업무를 수행하고, 생활하는 모든 활동의 토대가 된다. 때문에, 단순한 학교 동아리 활동, 취미 생활, 아르바이트 경험을 통해서도 지원자의 직무 수행상의 자질과 역량을 충분히 엿볼 수 있다. 임원면접에서 도무지 의도를 알 수 없는 일상적이고, 시시콜콜한 질문들을 받는 경우도 같은 맥락이다.

1차 면접이 실무면접, 역량면접이라고, 직무 관련 경험과 역량으로 어필할 주제들만 잔뜩 정리했다가 탈락을 경험하게 되는 경우도 이를 간과했기 때문이다. 1, 2차 면접의 경계가 갈수록 흐려지고 있고, 회사는 더 깐깐하고, 철저하게 지원자들을 검증하고자 노력하고 있다. 반대로 역량면접에서는 이직 사유, 퇴사 사유, 공백기, 지원동기 같은 인성적 측면을 제대로 납득시키지 못해 탈락하는 사례들이 늘고 있다. 채용 전형의 성격을 얄팍하게 파악하고, 대비하는 수준으로는 합격이 어려워졌다. 인성, 역량의 구분 없이 한 번에 확실하게 준비하는 지원자들에게 기회가 올 것이다.

토론면접
함께 일하고 싶은 인재인가

토론면접은 뛰어난 논리로 상대방을 압도할 수 있는 기세와 자신감을 평가하는 면접이 아니다. 자신만의 기준과 관점을 갖고 뚜렷한 주장을 펼칠 수 있는지, 분명한 근거를 들어 의견을 논리적으로 전달할 수 있는지, 상대방의 이견을 받아들이고, 조율하고, 절충하며 건강한 소통과 협업을 할 수 있는지 지원자인지를 판단하는 전형이다.

     옴스잡스의 스펙을 뛰어넘는 자소서

현안과 쟁점을 정확하게 파악하는 게 먼저다

토론면접에서 자신의 존재감을 보여주는 게 중요하다는 생각을 전제로 깔고 있는 지원자들이 많다. 그러다 보니 '제시된 주제 안에서 적합한 의견을 내는 것'이 핵심이라는 전제를 놓치고, 토론면접에서 최대한 많은 의견을 제시하고, 어떻게든 상대방의 주장을 완벽하게 반박할 수 있는 논리를 던지거나 좋은 아이디어가 떠오르면 하나라도 더 답변하려는 태도로 이어지게 된다.

토론의 시작은 '정확한 문제인식'이다. 단순한 찬반, 의견 제시는 큰 의미를 갖지 못한다. 특정 이슈가 등장하게 된 배경은 무엇인지, 문제가 되는 부분은 무엇인지, 어떤 찬성과 반대 의견이 존재하는지를 연결해서 파악해야 상대 의견이 허점이 무엇인지도 쉽게 파악할 수 있고, 토론이 방향성을 잃고 흔들릴 때 바로잡을 수 있는 힘도 생긴다.

'업무 환경에 AI를 적극적으로 도입하는 것이 옳은가'라는 주제가 주어졌다면 해야 한다, 말아야 한다부터 고민하기보다는 AI 기술이 무엇인지, 왜 필요한지, 어떤 위험성과 문제가 있을 수 있는지에 대한 부분부터 고민한 뒤에 업무환경에 접목되어야 하는 이유와 필요성, 예상되는 문제점을 생각해보는 식으로 접근할 수 있다.

AI 기술 확대는 거스를 수 없는 흐름이고, 반복적이고, 단순한 작업들부터 추론과 분석이 필요한 업무들까지 수행함으로써 업무의 생산성을 극한까지 끌어 올려주는 도구임에는 분명하다. 이미 수많은 기업이 현장에 적극적으로 AI를 도입해서 효과를 거둔 사례들이 끊임없이 등장하고 있다. 하지만 AI 도입에는 많은 비용이 투입되어야 한다는 점에서 비용 투입 대비 효과가 확실해야 하며, 생성형 AI가 학습 데이터나 사실에 기반하지 않은 정보를 그럴듯하게 꾸며내어 제시하는 AI 할루시네이션(Hallucination, 환각) 문제나 회사 내부 정보가 유출될 수 있는 보안 문제가 있다는 측면에서도 각별히 주의를 기울일 필요가 있다. 이처럼 이슈의 본질을 먼저 파악해본 뒤 토론에 참여한다면 단순한 찬반 제시를 넘어 '현안에 대한 명확한 이해' 기반의 의견 개진이 가능하다.

형식적인 틀보다는 본질에 기반한 절충을 보여주자

인터넷에서 토론면접 관련된 내용들을 찾아보면 공식처럼 등장하는 패턴들이 있다. "앞의 ○○○ 지원자님의 ○○○이라는 의견 잘 들었고 저도 어떤 부분에서 매우 공감합니다. 하지만 저는…" 이런 공식에 의존하니 답변도 불필요하게 길어질 뿐만 아니라 부자연스럽게 느껴지기까지 한다. 토론면접은 지원자가 형식을 잘 지켰는지를 확인하는 것이 아니라 본인의 생각을 주체적으로 제시하면서 상대방과 건설적인 대화를 할 수 있는지를 평가하는 것이 목적이다. 상대방의 이야기에 무조건 공감하는 것이 중요한 게 아니라 자연스럽게 공감 가는 부분은 받아들이고, 다른 생각을 갖고 있는 부분을 상대방에 잘 납득시킬 수 있는 지원자라는 것을 있는 그대로 보여주는 게 핵심이다.

구글맵의 한국지도 반출 허용은 구글맵 기반의 신규 서비스 개발 유인으로 작용해 국내 유저들이나 외국인 관광객들의 편의성까지 증대시킬 수 있다는 점은 십분 공감합니다. 하지만 저는 구글맵 이슈의 진짜 쟁점은 '시장 내 기업활동의 형평성'이라고 생각합니다. 구글의 경우 사업시설인 서버를 국내에 두지 않고 있어 국내 시장에서 연간 조 단위 이상의 매출을 올리고 있음에도 세금을 납부하지 않는 반면 국내 경쟁사라고 할 수 있는 네이버, 카카오의 경우 국내에 서버를 두고 있어 매년 세금을 납부하면서 정당하게 사업활동을 하고 있습니다. 정당한 시장경쟁을 유도해야 하는 정부의 입장에서 구글의 요구를 수용해준다는 것은 한쪽에 편중된 공정하지 않은 결정이 될 수 있다고 생각합니다.

방사성 폐기물이 유발하는 환경오염, 잠재적 위험성, 처리의 어려움 등은 원자력발전을 지양해야 하는 중요한 이유라는 점에서 원전의존도를 낮춰야 한다는 의견에 공감합니다. 하지만 진짜 문제는 원전 폐쇄로 인한 에너지 수급 불안과 문제점을 어떻게 최소화할 것인지에 대한 논의라고 생각합니다. 현재의 전력 공급량을 대체할 수 있는 발전계획이 미비된 상태에서 급작스러운 중단과 폐쇄는 오히려 전력수급에 악영향을 미치고, 전기세 상승이라는 결과만 초래할 수 있습니다. 이 때문에 단계적인 규제와 철폐, 적절한 대체 발전수단의 마련과 계획 수립이 함께 필요하다고 생각합니다.

　무조건적인 반대와 찬성을 밀어붙이는 건 균형감이 없고, 고집스러운 지원자로 비춰지기 딱 좋은 전략이다. 이길 수 있는 논리를 제시하려는 생각을 버리고, 서로의 생각을 나누면서 발전적인 방향을 논한다는 건강한 생각으로 임한다면 토론면접을 어렵게 느낄 이유가 없다.

PT면접
구성과 전개가 논리적인가

　PT면접은 지원자들의 지식 수준과 창의성을 확인하는 전형이 아니다. 회사마다 PT면접의 유형은 조금씩 다르지만, 산업이나 직무와 관련된 문제 상황이 출제되는 유형을 기준으로 보면 보통 관련 자료가 제시되고 30분 내외의 준비 시간이 주어진다. 출제하는 입장에서도 해당 자료를 전부 분석해서 요약, 정리하고, 창의적인 의견까지 제시할 수 있을 것이라고 기대하지 않는다. 현직자들이 보기에도 어려운 과제가 출제되는 경우도 비일비재하다.

　PT면접은 지원자가 주어진 질문 혹은 자료들을 통해서 어떤 문제인식을 갖고, 어떻게 자신의 견해와 논리를 전개해 나가는지를 평가한다. 창의적인 아이디어 제안, 다양한 의견 제시에 안간힘 쓰기보다는 방대한 양의 자료들 안에서 핵심적인 문제에 집중해서 논리적인 구성으로 일관된 관점에서 자신의 생각을 전달하는 데만 집

　　　　　　　　　옴스잡스의 스펙을 뛰어넘는 자소서

중혜도 충분히 좋은 평가를 받을 수 있다.

문제상황만 정확하게 파악해도 발표의 절반은 끝난다

좋은 해결책의 도출은 정확한 원인 진단에서 시작된다. 정확한 상황 분석과 문제정의가 가장 중요한 이유다. 발표 시작 부분에서는 주어진 자료들을 단순히 요약, 정리하는 것이 아니라 주어진 자료들을 토대로 어떤 현상, 문제에 왜 집중했는지 자신의 문제인식과 문제정의를 명확하게 제시하는 게 중요하고, 이에 따라서 어떤 측면에서 문제를 더 깊이 파고들어볼 필요가 있다고 생각했는지에 해당하는 내용으로 중반부를 구성하고, 후반부는 예상되는 효과와 위험요인 등을 간단하게 제시하면서 마무리하면 된다.

"저는 주어진 자료들을 보면서 A사의 해외진출의 성과가 뚜렷하지 않고, 이는 상품 측면에서의 경쟁력 부족이 가장 큰 원인일 수 있다는 부분에 집중했습니다. 특히 어떤 어떤 자료와 수치들을 기반으로 보았을 때 상품경쟁력 확보를 위해 필요한 노력을 가격경쟁력 확보, 차별화된 브랜드 정체성, 유통 전략, 세 가지 측면에서 말씀드려보고자 합니다." 그들은 이미 출제된 문제에 대해서 알고 있는 만큼 도입부 부분부터 제시된 자료의 내용을 세세하게 설명할 필요 없이 곧바로 문제정의부터 돌입해 발표를 전개해 나가는 게 좋다. 군더더기 없는 깔끔한 발표 실력을 각인시킬 수 있다.

세부적인 의견이나 대안을 제시함에 있어서도 단순히 "저는 신규 브랜드명으로 ○○○을 제시해봤습니다."가 아니라 "어떤 부분

이 왜 문제가 됐었고, 주 타깃은 MZ세대인 만큼 뚜렷한 색깔과 실
속형 혜택을 체감할 수 있는 ○○○과 같은 브랜드명을 제시해보았
습니다."와 같이 어떤 판단으로 어떤 제안을 왜 하게 되었는지 논리
적으로 접근해야 한다.

논리적인 PT를 구성하기 위해서는 산업, 직무 이해가 반드시 수
반되어야 한다. 문제를 바라볼 수 있는 관점이 기본적으로 탑재되
어 있어야 빠르고 정확하게 문제를 짚고, 생각을 제시할 수 있기 때
문이다. 전체적인 발표 구성 연습은 그다음이고, 위에 내용을 참고
하면 된다.

지원자들의 직무역량을 꼼꼼하게 검증하려는 트렌드가 PT면접
확대로 이어지고 있다. 과거와 달리 1차 면접에서 탈락하는 지원자
들도 늘고 있는 만큼 경쟁자들보다 깊고, 넓은 관점을 제시할 수 있
도록 산업, 직무 학습에 만전을 기해야 하겠다.

임원면접
솔직함, 담백함, 그리고 깊이

임원면접의 분위기와 방식은 천차만별이다. 임원들 마음이다.
예측이 무의미하다. 단순한 취미생활이나 특기, 개인사부터 인생
목표, 삶의 가치관이나 철학, 일에 대한 생각까지 질문의 스펙트럼
을 종잡을 수 없고, 일반적으로 '인성'을 중점적으로 검증하는 걸로

    옴스잡스의 스펙을 뛰어넘는 자소서

알고 있지만 기습적으로 회사와 직무에 대한 질문을 하는 경우도 많다. 다만 앞서 기술된 면접 준비 방법대로 1차 면접을 잘 준비했다면 산업·직무 측면에서 특별히 무언가를 더할 필요는 없다.

기업들은 젊은 세대들의 회사생활, 일에 대한 인식이 성숙하지 못하고, 개인주의적 성향이 강해 단체생활에 대한 적응력이 떨어지는 것을 우려하고 있어 검증의 강도는 날이 갈수록 세지고 있다. 그러니 최종 임원면접을 앞두고는 나 자신을 더 철저하고, 깊이 탐색해보면서 생각의 깊이를 더하는 게 좋다. '그런데 대체 어떤 질문이 나올 줄 알고 다 준비할 수 있냐'는 생각이 들 수도 있지만 면접은 '정답' 맞히기가 아니라 '내가 어떤 사람인지'를 보여주는 전형인 만큼 그들의 의도를 의식할 필요는 없다. 취업 3요소를 깊이 탐구해본 성찰의 결과물을 최대한 자신감 있고 올바른 태도로 답변할 수 있는 범위 내에서 충실히 보여주면 된다.

거짓말, 얄팍한 수, 임기응변은 화를 부른다

"○○대학교 설립 이념을 아는가?" 필자가 서울대학교 교직원 최종면접에서 받았던 질문이다. 면접 전에 미처 찾아보지 않았던 부분이었기 때문에 고민 없이 솔직하게 모른다고 답했다. 5년 동안 몸담았던 신용평가사 영업직무 경력직 면접에서는 면접관이 시작과 함께 제시한 두 가지 문제에 모두 오답을 제시했다. 대우조선해양(현. 한화오션) 해외영업 최종면접에서 "회사에 대해 아는 대로 말해보라."라는 질문에는 누구나 알고 있던 최신 수주 건밖에 이야기하지 못했고, "정말 더 아는 게 없냐."라는 핀잔을 들었지만 그럼에도 불구하고 모두 최종면접에 합격했다.

심각한 오답을 이야기하고도 붙을 수가 있고, 모든 질문에 빠짐없이 준비한 답변을 하고도 탈락할 수도 있다. 최대한 아는 척하고, 하나라도 더 관련된 경험을 덧붙이고, 어필하려는 작위적인 면접 태도를 보이는 지원자들의 탈락률은 갈수록 높아지고 있다.

결국 회사는 같이 일할 사람을 뽑고자 한다. 임원들은 거짓말을 하거나 자신이 모르는 것을 당당하게 인정하지 못하고 은폐하려는 시도를 죄악으로 본다. 회사 일이라는 게 모든 사안이 복잡하게 얽혀 있는데 어떤 직원이 중요한 문제를 은폐하거나 임기응변으로 대응하려 한다고 생각해보자. 생각만 해도 끔찍하다. 실제로 임원은 실수보다 모르는 것을 아는 척하는 태도를 더 큰 잘못으로 간주한다. 잘 모르는 것이 뻔히 보이는데 의욕만 앞서 궤변을 늘어놓다가는 누구보다 빠르게 탈락으로 향할 것이라는 사실은 확실하다. 솔직하게 무지를 인정하는 것이 성숙한 태도다.

임원면접에서 하나라도 더 역량을 어필하고, 자신의 주요 경험과 성과를 자랑하려는 태도도 지양해야 한다. 회사에서 수행하는 업무들은 대학생 때 했던 동아리 활동, 프로젝트들과 차원이 다를 뿐만 아니라 수십, 수백, 수천 명의 임직원, 선배들과 함께 서로 응원하고, 때로는 희생하며 조직의 목표 달성을 위해 수십 년 근무해야 하는 곳이다. 자신의 성과와 노력을 제발 좀 알아달라고 떼를 쓰고, 어리광 부리는 아이의 모습처럼 보일 수밖에 없다. 겸손하게 자

 옴스잡스의 스펙을 뛰어넘는 자소서

신을 낮추고, 앞으로 마주하게 될 고되고 힘든 회사생활을 어떻게 받아들이고, 이겨 나갈 수 있는지 깊이 있는 성찰의 결과물을 보여주는 것이 백배 낫다.

팩트 위주로 간결하게 말해야 합격한다

면접 시간이 짧다는 것은 지원자들에게만 적용되는 조건이 아니다. 면접관들의 시간은 더욱 귀하다. 수억 원의 연봉을 받으면서 시장과 회사를 움직이는 의사결정을 내리는 이들이다. 그런 임원들이 하루 종일 지원자들을 마주하면서 그들의 '장황한 스펙 어필과 호소'를 듣고 있다고 생각해보라. 자연스레 하품이 나오고 턱이 괴어질 수밖에 없다. 차별성 없는 경험 어필, 핵심 없이 늘어지는 경험 소개와 설명을 늘어놓는 지원자들의 모습은 핵심을 짚지 못한 채 장황하게 서론만 늘어놓는 무능한 부하직원을 떠올리게 하기 충분하다.

"정말 할 이야기만 해도 될까요?" 그렇다. 숱하게 강조하지만 많은 지원자가 결국 본인의 불안함과 절박함을 이기지 못해 '임원의 답답함'을 고려하지 못한 선택을 하게 된다. 상대가 원하는 것이 무엇인지 깊이 고민하지 않는다면 취업의 문은 열리지 않을 것이다.

AI 시대,
취준생들에게 전하는 제언

취준생들의 평균적인 스펙 수준이 갈수록 높아지고 있다. 10% 도 채 되지 않는 서류 합격률 때문에 좌절하면서 필자를 찾아왔던 KIA 글로벌사업 합격자는 서울 상위권 대학교에서 복수전공을 이수하고, 3개 국어에 컨설팅펌 인턴까지 했던 재원이었다. NICE평가정보에 합격했던 합격자 또한 서울 상위권 경영학과 출신에 산학협력만 1.5년, 창업활동 2년, 잘 나가는 테크 기업 인턴 2회까지 경험했던 재원이었지만 서류 전형 전탈(전체 탈락)을 경험했었다. 불과 5년, 10년 전만 해도 상상할 수 없던 일들이 취업 시장에서 일어나고 있다. 게다가 AI가 인간의 고유 영역이었던 일자리들까지 빠르게 대체하면서 구직자들의 불안감은 더욱 커지고 있다.

글로벌 빅테크 기업의 수장들이 입을 모아 '더 이상 대학교 졸업장은 중요하지 않다'고 강조하는 것은 결코 빈말이 아니다. AI 등장 이전까지는 주어진 업무들을 매뉴얼에 따라 신속, 정확하게 수행하고, 빠르게 답을 찾는 역량이 중요했지만 이제 더 이상 이런 업무에 사람들을 투입할 필요가 없어졌다. 시장조사나 엑셀 정리 같은 단순 업무부터 데이터 분석, PPT 디자인, 심지어는 인사이트 도출까지 AI와 몇 마디 채팅이면 순식간에 해결할 수 있는 시대가 됐다. 투덜대는 신입사원에게 일을 맡겨놓고 불안에 떨 필요도, 불필요하게 부딪힐 필요도 없다.

하지만 AI 시대에도 분명 기회는 있다. 인재의 정의가 바뀌고 있을 뿐 회사에서는 반드시 신입 직원과 인재들을 필요로 한다. 미국 메타 CEO 마크 저커버그도 "10년 차 엔지니어보다 신입 엔지니어의 역량이 뛰어날 수 있다."라고 말했다.

AI의 등장으로 '인재의 기준'이 바뀌고 있기 때문이다. AI 시대에 뛰어난 암기능력을 활용해 정답을 맞히고, 높은 내신 성적과 학점을 기록하는 데 최적화된 사람은 불필요하다. 이제는 AI가 할 수 있는 일이 아니라 AI가 할 수 없는 능력을 갖춘 인재가 필요하다. AI라는 신기술을 적재적소에 활용해서 창의적인 문제해결 방식을 고안해 내고, 혁신적인 생산성 향상을 이끌어 내는 인재들이 주목받게 될 것이다. 정형화된 방식으로 공부하고, 정답 맞히기에 능한 고스펙 지원자들의 탈락이 비약적으로 늘고 있는 이유이자 비판적사그와 창의성, 뛰어난 소통 능력을 겸비한 언더독 지원자들이 스펙초월 합격을 할 수 있는 이유기도 하다.

앞으로는 주체적으로 문제를 찾아 나서고, 비판적으로 사고하며 문제를 새롭게 정의하고, 문제해결을 위해 조직 구성원들을 설득해 참여를 이끌어 내는 능력이 인재를 판단하는 기준이 된다. 때문에, 아무리 스펙이 좋다 한들 '직무 관련 다양한 경험을 쌓아왔고, 꾸준하게 학점 관리를 위해 노력했으며 주어진 일을 성실하게 수행했다'는 어필은 결코 통하지 않을 것이다. 빠르게 정답을 찾는 데 익숙해진 사고 패턴과 습관을 뜯어고치기 위해 처절한 노력이 필요하다. 정답이 없는 문제를 다양한 관점에서 고찰해보면서 사고하는 힘을 키워야 한다. 소통하고, 협업했다고 주장할 게 아니라 치열하게 직접 사람들과 부딪히고, 다퉈보면서 진정한 소통과 협업이 무엇인지 자신만의 답을 찾아 나서야 한다.

젊은 세대의 AI의 의존도가 높아질수록 사고력은 바닥을 찍고 있다. 사회 전체적으로 보자면 절망적인 현실이지만 이 책을 읽고 취업을 준비하는 독자들에게는 작금의 안타까운 현실이 곧 기회이자 희망이 될 수 있다. 갈수록 더 많은 이들이 AI에 사고를 위탁하고, 비판적으로 생각하기를 거부하고 있기 때문이다. AI에 사고를 위탁하기를 멈춰야 한다.

독자들만큼은 끊임없이 변화하는 시대 속에서 비판적으로 사고하고, 주체적으로 판단할 수 있는 사고의 힘을 단련할 수 있기를 바란다. 앞으로 5년, 10년 뒤에 어떤 미래가 펼쳐질지 누구도 예단할

  옴스잡스의 스펙을 뛰어넘는 자소서

수 없다. 하지만 나는 누구이고, 기술이란 무엇이고, 무엇이 왜 문제인지 끊임없이 의심하고, 다툴 수 있는 사고의 힘을 가진다면 어떤 시대 변화 속에서도 중심을 잡고 살아남을 수 있을 것이다.

스펙을 뛰어넘는 인재를 넘어, AI를 뛰어넘는 인간, 그 자체가 될 수 있기를 응원한다.

옴스

옴스잡스의 스펙을 뛰어넘는 자소서

초판 1쇄 발행 2026년 3월 12일
초판 2쇄 발행 2026년 3월 22일

지은이 | 옴스
펴낸곳 | 원앤원북스
펴낸이 | 오운영
경영총괄 | 박종명
기획편집 | 최윤정 김형욱 이광민
디자인 | 이영재
기획마케팅 | 문준영 김연아 박미애
디지털콘텐츠 | 안태정
등록번호 | 제2018-000146호(2018년 1월 23일)
주소 | 04091 서울시 마포구 토정로 222 한국출판콘텐츠센터 319호(신수동)
전화 | (02)719-7735   팩스 | (02)719-7736
이메일 | onobooks2018@naver.com   블로그 | blog.naver.com/onobooks2018

값 | 21,000원
ISBN 979-11-7043-732-1 03320

* 잘못된 책은 구입하신 곳에서 바꿔드립니다.

* 이 책은 저작권법에 따라 보호받는 저작물이므로 무단 전재와 무단 복제를 금지합니다.

* 원앤원북스는 독자 여러분의 소중한 아이디어와 원고 투고를 기다리고 있습니다.
   원고가 있으신 분은 onobooks2018@naver.com으로 간단한 기획의도와 개요, 연락처를 보내주세요.